Sana las heridas
en tu matrimonio

SANA LAS HERIDAS EN TU MATRIMONIO

Más allá del desánimo, el enojo y el resentimiento hacia el perdón

DR. GARY Y BARBARA ROSBERG

Publicado por
Editorial Unilit
Miami, Fl. 33172
Derechos reservados

Primera edición 2007
© 2007 Focus on the Family
Colorado Springs, CO 80995, U.S.A

Todos los derechos reservados.
© 2004 por Gary y Barbara Rosberg.
Originalmente publicado en inglés con el título:
Healing the Hurt in Your Marriage
por Tyndale House Publishers, Inc.
Wheaton, Illinois, 60189
Todos los derechos reservados.

Ninguna parte de esta publicación podrá ser reproducida, procesada en algún sistema que la pueda reproducir, o transmitida en alguna forma o por algún medio electrónico, mecánico, fotocopia, cinta magnetofónica u otro excepto para breves citas en reseñas, sin el permiso previo de los editores.

Edición: Focus on the Family

A menos que se indique lo contrario, las citas bíblicas se tomaron de la Santa Biblia Nueva Versión Internacional. © 1999 por la Sociedad Bíblica Internacional.
Las citas bíblicas señaladas con LBD se tomaron de la Santa Biblia, *La Biblia al Día*. © 1979 por la Sociedad Bíblica Internacional.
Usadas con permiso.

Producto 495405
ISBN 0-7899-1333-X
Impreso en Colombia
Printed in Colombia

Categoría: Vida cristiana/Relaciones/Amor y matrimonio
Category: Christian Living/Relationships/Love & Marriage

Contenido

Reconocimientos 7
1 ¿Alguna vez te has sentido herido? 13

PRIMERA PARTE: EL CIRCUITO ABIERTO DEL CONFLICTO

2 El ataque sorpresa de la ofensa 29
3 La reacción en cadena de la herida y el enojo 41
4 ¿Dónde aprendiste a resolver conflictos? 55

SEGUNDA PARTE: LA BIFURCACIÓN EN EL CAMINO

5 ¿Cuál es tu modelo para resolver conflictos? 79
6 Luces rojas en el camino hacia la sanidad 93
7 Los principios no negociables para cerrar el circuito 113

TERCERA PARTE: EL CIRCUITO CERRADO DE LA SANIDAD

8 Prepara tu corazón 127
9 Disipa tu enojo 141
10 Comunica tus inquietudes 155
11 Enfrenta tus conflictos 175
12 Perdona a tu cónyuge 189
13 Reconstruye tu confianza 211

Apéndice: Recursos de la campaña para proteger a los matrimonios a prueba de divorcio en los Estados Unidos 228

Notas 232

Acerca de los Autores 234

*Dios nos ha llamado a un ministerio con el compromiso
de ayudar a que los matrimonios estadounidenses estén
a prueba de divorcio y no lo estamos haciendo solos.
Dedicamos este libro a Ron Beers, a nuestro equipo
editorial de Tyndale House, a Greg Anderson,
a nuestro equipo radial de Salem Radio Network
y a nuestro equipo de ministerio de America's Family Coaches.
Juntos alentamos, equipamos y enseñamos
a las familias en los Estados Unidos.*

RECONOCIMIENTOS

Al habernos comprometido, tanto en nuestro ministerio como en nuestras vidas, a que los matrimonios estadounidenses estén a prueba de divorcio, nos hemos rodeado de algunos de los hombres y mujeres de más talento en los Estados Unidos. Queremos reconocer a esos amigos formidables por haber comprometido esta etapa de sus vidas a una campaña que tiene como objetivo alentar tanto a familias saludables como a familias heridas.

Ron Beers y el Grupo *Beers* de *Tyndale House Publishers* nos han equipado para traerles a ustedes este libro y cada uno de los libros que publicamos. Tenemos más que una relación de trabajo con *Tyndale House*, se trata de compañerismo y amistad. Gracias a Ken Petersen, Jon Farrar, Lynn Vanderzalm, MaryLynn Layman, Mary Keeley, Brian Ondracek, Tammy Faxel, Carol Traver, Linda Taylor, Jim Baird y al equipo completo de publicaciones. Un agradecimiento especial a Ed Stewart, el cual nos ha ayudado para que este manuscrito cobre vida. Ron, te has rodeado con el grupo más brillante de editores cristianos. Gracias por supervisar a tu equipo para ayudarnos a equipar a nuestro país con este mensaje. Tu amistad y dedicación han cambiado nuestras vidas.

Greg Anderson y *Salem Radio Network* han promovido este mensaje impreso a través de las ondas radiales; su compromiso con nosotros y nuestro mensaje hacen que los matrimonios y las familias cambien para siempre. No podemos agradecerles lo suficiente por habernos equipado para traer nuestro mensaje cada día a los matrimonios y familias en todos los Estados Unidos. Le agradecemos especialmente a Charles Mefferd.

Nuestro consejo directivo y equipo de ministerio de *America's Family Coaches* es el grupo más extraordinario que hemos conocido. No sólo estamos orgullosos de ustedes y los amamos, sino que estamos asombrados por su talento, diligencia y entusiasmo para ministrar a las familias. A medida que agudizamos nuestro mensaje y vemos cómo Dios expande nuestras fronteras, ustedes son los amigos bondadosos que hacen que todo sea posible.

Enfoque a la Familia creyó en el mensaje de este libro cuando fue publicado hace varios años con un formato y un título diferentes. Les agradecemos por ser socios nuestros en la creación de este libro.

A nuestro pastor, Quintin Stieff, de la iglesia *Valley Evangelical Free Church* en West Des Moines, Iowa, gracias por pastorear tan bien a nuestra familia. Su compromiso con nosotros, nuestro mensaje y nuestra familia es un regalo que nos alienta a diario. Pastor, lo amamos.

Y por último, a nuestra preciosa familia. Qué alegría es ser la mamá y el papá de Sarah y Scott, de Missy y Cooper. No pueden imaginar cuánto los amamos. Mason y Kaden, nuestros nietos, ustedes son nuestro legado. Les damos gracias a todos, por darles a su mamá y a su papá alegría, risas y recuerdos. ¡Son lo máximo!

Gary y Barbara Rosberg

Una nota especial de Gary y Barb

PRESENTACIÓN DE LA CAMPAÑA PARA PROTEGER A LOS MATRIMONIOS A PRUEBA DE DIVORCIO EN LOS ESTADOS UNIDOS

Estimado amigo o amiga:

El libro que tienes en tus manos es un componente de la campaña para proteger a los matrimonios estadounidenses a prueba de divorcio. Parejas de toda esta nación, desde Boston hasta Los Ángeles, desde Miami hasta Seatle, se están uniendo para proteger a sus matrimonios a prueba de divorcio. Están adoptando una postura *a favor* de matrimonios saludables, maduros y duraderos y *en contra* de la amenaza inminente del divorcio.

¿Por qué ahora?

Si no lo hacemos *ahora*, ¿entonces cuándo?

Si no empezamos *aquí*, con nuestra familia y la tuya, ¿entonces por dónde?

Si no lo hacemos *juntos,* ¿quién lo hará?

Creemos que si fracasamos en tratar el tema del divorcio ahora, la próxima generación de matrimonios estará perdida. Debemos captar la visión para proteger los matrimonios a prueba de divorcio y hacer retroceder la amenaza del divorcio hasta donde nuestra influencia pueda alcanzar. Queremos unirnos contigo no sólo para proteger activamente tu propio matrimonio sino para ayudar a proteger a prueba de divorcio el matrimonio de cada pareja que conozcas.

Al ir juntos a la batalla por la causa del hogar cristiano, pagaremos un precio. Tenemos un poderoso enemigo en esta empresa. El apóstol Pedro advierte: «¡Cuidado con los ataques de Satanás, nuestro gran enemigo! Este, como león rugiente, anda siempre buscando a quién devorar» (1 Pedro 5:8).

Tú y tu matrimonio son las víctimas que busca el diablo. Ya que un matrimonio a prueba de divorcio es importante en la lista de prioridades de Dios, puedes saber que este tipo de matrimonio también ocupa uno de los primeros lugares en la lista negra del enemigo. Para Satanás no habría nada mejor que desalentarte, debilitar tu matrimonio y sumar a su registro otra familia mutilada o deshecha. Por esta razón declaramos que tu matrimonio y tu familia *son* tu ministerio.

Proclamemos juntos a toda voz y con claridad: El divorcio se detendrá, y se detendrá *ahora mismo*. Comenzando en nuestro hogar y el tuyo, tracemos una línea en la arena y digamos al que tenga oídos para oír: «Pero yo y los de mi casa serviremos a Jehová» (Josué 24:15). Pongámonos de acuerdo para superar todos los obstáculos con el fin de construir hogares bíblicos: por el bien de nuestros matrimonios, por el bien de la próxima generación y por la causa de Jesucristo.

Pero esto no se termina aquí. Si como pareja, pastor, líder de un pequeño grupo o maestro de escuela dominical para adultos, le comunicas estos principios a otras parejas y familias que te importan, te volverás parte del trabajo de Dios para cambiarle la cara al matrimonio en nuestro país. (Para obtener más información sobre material didáctico e ideas para saber cómo comenzar un pequeño grupo en tu comunidad, haz el favor de ver el apéndice).

¿Cómo encaja *Sana las heridas en tu matrimonio* en esta campaña? Creemos que muchos matrimonios sufren por causa de conflictos sin resolver que pueden provocar dolor y enojo. Si no aprendemos a cerrar el circuito de nuestros conflictos, nuestros matrimonios correrán el riesgo de deslizarse hacia el aislamiento, la discordia y posiblemente el divorcio emocional. El amor que perdona (el tipo de amor que enfrenta los conflictos inevitables y sana las heridas) es un elemento crítico para proteger cualquier matrimonio a prueba de divorcio. Este libro te ayudará a desarrollar y practicar el amor que perdona, uno de los seis diferentes tipos de amor descritos en nuestro libro de campaña *Matrimonio a Prueba de Divorcio*.

Esperamos que captes la visión para proteger a tu matrimonio a prueba de divorcio (y los matrimonios de personas que conozcas). ¡Es una campaña a la que vale la pena dedicarse!

Tus amigos,
Gary y Barb Rosberg

1

¿Alguna vez te has sentido herido?

¿Alguna vez te has sentido herido en tu relación matrimonial? Como la mayoría de las parejas, los Thompson se han sentido así. Desde afuera, Jan y Zach se ven muy bien. Trece años de matrimonio, buenos trabajos, un par de niños, la posición de líderes en la iglesia, una casa en los suburbios de la ciudad, una lancha último modelo... lo tienen todo. Pero tras puertas cerradas hay conflicto, en especial, debido a la mamá de Zach. Desde que el papá de Zach murió, su madre ha tratado de controlar su vida. Ante la consternación de Jan, Zach hace todo lo que su madre quiere y eso la está asfixiando. Para ella, es un control malsano y manipulación. Para él, es honrar a su madre. En secreto, Jan se pregunta por cuánto tiempo puede soportar ser la «otra mujer» en la vida de su esposo.

La discusión permanente entre Jan y Zach todavía no está resuelta. Están paralizados por este asunto; sin embargo, a ambos lados de esta pared defensiva hay dos personas que se aman profundamente y que anhelan entendimiento, cuidado y reconocimiento de parte del otro. Ambos tienen una gran necesidad de apoyo, pero en lugar de mostrar su lado tierno, se dan la espalda con corazones endurecidos.

Palabras defensivas, críticas y de enojo se han apilado una tras otra formando una montaña entre los dos; y las palabras «lo siento» y «te perdono» han desaparecido de su vocabulario. A ninguno le gusta lo que está pasando, pero cuando se hieren mutuamente todo lo que saben hacer es vengarse, trayendo consigo más heridas. Si no encuentran ayuda pronto, con el tiempo los Thompson podrán ver sus nombres publicados en la columna de los diarios titulada: Divorcios.

¿Alguna vez te has sentido herido en tu relación matrimonial? Gideon se ha sentido así. Era la noche más grande de su carrera, el banquete anual de premios de su empresa. El trabajo duro de Gideon al fin había dado sus frutos, lo habían reconocido como el empleado del año. Era la estrella del banquete. Además, junto con la aclamación y el aplauso vino una bonificación de mil dólares. Fue una noche memorable… excepto por una gran decepción: Keisha no asistió al banquete con él.

Tres horas antes de que partieran hacia el banquete, la esposa de Gideon, después de seis años de matrimonio, anunció que iba a pasar la noche con su hermana. Su declaración tomó por sorpresa a Gideon, ya que había supuesto que estaba tan emocionada como él por el premio. «Es tu mundo, querido», le dijo ella. «No conozco a esas personas, así que me aburriría toda la noche. Ve tú y pásala bien». Mientras conducía de regreso a casa después de los festejos, Gideon se encontró preguntándose si había cometido un error al casarse con Keisha. Al no saber cómo conectarse con su esposa, tiene ganas de alejarse y no intentar nada más.

¿Alguna vez te has sentido herido en tu relación matrimonial? Laura se ha sentido así. Cuando conoció a Dave en un estudio bíblico para solteros, supo que era el hombre que había estado esperando. Dios la había librado de comprometerse con otros hombres para que pudiera guardarse para Dave. Él le pidió que salieran la misma noche en que se conocieron y se enamoraron profundamente. Se casaron un año después.

El primer año de casados fue como un cuento de hadas. Dave le enviaba notas o la llamaba inesperadamente durante el día sólo para decirle: «Hola, mi amor, te amo». Le traía flores y regalos. La invitaba a salir. Los amigos de Laura de la iglesia estaban muy felices por ella.

Luego, la carrera de Dave despegó de repente y junto con los ascensos, comenzó a llover el dinero. Todo iba bien hasta que Laura se dio cuenta de que Dave está demasiado ocupado con su trabajo como para mandar notas o llamar. Ahora tiene que trabajar muchas noches, lo cual significa que prácticamente nunca salen. Y cuando sí vuelve a casa temprano, no tiene muchas ganas de hablar. Exhausto, come la cena y se queda dormido frente al televisor. Muchas noches, Laura llora hasta dormirse porque siente que Dave se está alejando de ella. Su carrera se ha vuelto su amante y Laura no sabe cómo recuperarlo.

¿Alguna vez te has sentido herido en tu relación matrimonial? JoAnne se ha sentido así. Su esposo, Randy, le quitó la chequera. «Creo que estás gastando demasiado», dijo Randy cuando JoAnne le preguntó si había visto la chequera. «Así que yo voy a pagar las cuentas de ahora en adelante. Vas a tener algo de dinero para gastar, pero si necesitas comprar comestibles o algo más para la casa yo haré el cheque».

Al principio, JoAnne pensó que era una broma bastante pesada, pero Randy hablaba en serio. JoAnne, quien manejó sus finanzas cuando era soltera, discute el tema. Pero Randy no cede, convencido de que está mejor calificado para ocuparse del dinero de ambos. JoAnne se siente humillada por su decisión pero se niega a permitir que Randy tenga la satisfacción de saber lo mal que se siente. Se desquitará de alguna manera.

¿Alguna vez te has sentido herido en tu relación matrimonial? Jack se ha sentido así. Hace catorce años que está casado con Lynda. Jack ha trabajado mucho para brindarles un hogar agradable a ella y a sus tres niños. Sabe que su esposa detesta su turno nocturno y a él tampoco le gusta. Dejar la casa a las ocho de la noche en verdad arruina su tiempo con los niños y limita los momentos de intimidad con su esposa.

Pero Jack *debe* trabajar por la noche. Lynda y él decidieron de antemano que ella se quedaría en casa con los niños. Entonces, la remuneración extra por el trabajo nocturno de Jack sirve para pagar cosas que no se pueden pagar de otra manera, incluyendo gastos de ortodoncia, clases de clarinete y campamentos de la iglesia para los niños. Jack espera que su próximo ascenso le permita volver a trabajar de día.

Un día, cerca de la medianoche, Jack se cortó la mano en el trabajo y su supervisor le dijo que volviera a casa. En lugar de llamar y despertar a Linda y a los niños, Jack condujo hasta la sala de emergencias para la sutura y luego se dirigió a casa. Sorprendió a Lynda y a un muchacho de su grupo de estudio bíblico dándose un abrazo apasionado en el sofá. Jack se sintió destrozado y Lynda avergonzada. Todavía se aman, pero no saben cómo tratar lo que ha sucedido entre ellos.

RUPTURAS CONYUGALES

¿Alguna vez te has sentido herido por causa de tu cónyuge? Seguro que sí. ¿Alguna vez has sido la causa del dolor en la vida de tu pareja? Seguramente. En toda relación matrimonial, el esposo y la esposa han sido tanto el ofendido como el ofensor, la causa y el objeto del dolor conyugal. No hay excepciones, incluyéndonos a mí y a Bárbara, que hemos comprometido nuestras vidas a fortalecer a los matrimonios de todo el país y a protegerlos a prueba de divorcio.

Hablamos con personas como Jan, Zach, Gideon, Laura, JoAnne, Jack —y como tú— prácticamente todos los días. Llaman por teléfono durante nuestro programa radial diario que se transmite en todo el país, *America's Family Coaches… LIVE!* Se nos acercan entre una sesión y otra en muchas de las conferencias acerca del matrimonio que ofrecemos cada año en todo el país. Llaman a nuestra oficina, y algunas veces nos llevan a un lado en la iglesia, en el centro comercial, en un restaurante, en cualquier lugar. Estos esposos, esposas y parejas cuentan historias de luchas, conflictos y heridas en sus matrimonios. Algunos de los problemas son muy serios, al punto de amenazar su relación matrimonial. La mayoría son relativamente menores y comunes, pero la herida todavía duele y ellos se nos acercan en busca de ayuda y sanidad.

¿Por qué nos herimos mutuamente si somos esposos? ¿Por qué dos personas que se han comprometido a amarse el uno al otro durante toda la vida a veces se olvidan del otro, se ignoran o se ponen en contra? Porque todo matrimonio está formado por dos personas imperfectas que a veces son desconsideradas, insensibles, ásperas, o sencillamente egoístas. Y dos personas imperfectas compartiendo el mismo espacio están destinadas a tener desacuerdos. Todos tenemos estos «topetazos» conyugales de vez en cuando, no importa cuánto deseemos evitarlos y cuán tristes nos sintamos cuando suceden.

Se parece a conducir en calles y autopistas congestionadas: ninguno procura tener un accidente, pero a veces suceden. Aun si manejas a la defensiva y tienes un historial perfecto, es posible que alguno de los que te rodean no reúna las mismas condiciones. Alguno te sigue demasiado de cerca, acelera para pasarse una luz amarilla, olvida mirar el espejo antes de cambiar de carril o retrocede en un estacionamiento sin mirar atrás. Un instante de distracción en el conductor y… *¡pum!* Tienes que hacerte cargo de un topetazo… o de algo peor.

Cada matrimonio tiene su cuota de malentendidos y errores en la relación, conflictos y desaires, palabras hirientes y peleas a gritos que terminan en dolor. Y a veces es como una colisión de frente que causa daños más severos (como traición, infidelidad o abuso). No importa cuán profundamente se amen usted y su cónyuge, ciertos conflictos y heridas en determinados momentos, son inevitables. No se trata de preguntarse *si* sucederá, sino *cuándo*.

Entonces ¿qué haces cuando sucede? ¿Cómo respondes cuando un conflicto te hiere a ti, a tu cónyuge o a los dos? Muchas parejas, como las de los ejemplos al principio del capítulo, no saben qué hacer. Por eso no hacen nada e inevitablemente se distancian. Diane Sollee, fundadora y directora de la Liga por el Matrimonio, la Familia y la Educación de Pareja, afirma: «El indicador número uno de divorcio es el hábito de evitar el conflicto».[1]

La mayoría de las encuestas sobre el matrimonio revelan que la resolución de conflictos y heridas se encuentra a la misma altura que la comunicación, que es el principal problema que enfrentan las parejas. Nuestra propia experiencia en *America's Family Coaches* lo confirma. Sabemos lo que tenemos que hacer cuando chocamos el parachoques de otro conductor. Intercambiamos nombres e información de los seguros, buscamos presupuestos y repuestos en los negocios de carrocería y rápidamente volvemos a la calle. Pero hoy en día, muchos estamos desorientados a la hora de resolver las desavenencias conyugales.

¿Por qué? Porque nadie nos enseñó cómo hacerlo. Mientras crecíamos, muchos no recibimos en el hogar un ejemplo para resolver conflictos de una manera saludable. Sin embargo, sí recibimos ejemplo del conflicto, el distanciamiento y el divorcio. Las investigaciones reflejan que «el setenta por ciento de todas las personas de nuestra sociedad han sufrido el impacto del divorcio (tanto el divorcio de sus padres como el de ellos mismos)».[2] Si no encontramos las respuestas en el hogar, ¿dónde las encontraremos? Por cierto, no se ven programas de televisión que hablen acerca de cómo resolver conflictos de un modo saludable en el horario de mayor audiencia. A menudo, ni siquiera aprendemos a resolver conflictos conyugales en la iglesia. Entonces, en lugar de sanar nuestras heridas y continuar con la vida, dejamos que nuestros problemas se acumulen, pensando erróneamente (o deseando en secreto) que el tiempo en verdad sana todas las heridas. No es así. En cambio, con el tiempo, los conflictos sin resolver y las heridas sin sanar endurecen nuestros corazones y abren una brecha entre nosotros como esposos.

Y el dolor no se detiene allí. Cuando enterramos nuestros conflictos en lugar de enfrentarlos, cuando guardamos nuestro dolor en lugar de ocuparnos de él, se pone en marcha un proceso. Puedes pensar que te deshaces del conflicto al enterrarlo, pero lo estás enterrando vivo y continuará persiguiéndote. Evitarlo finalmente te guiará a un lugar adonde no quieres ir: al divorcio emocional. Es posible que nunca te separes físicamente o inicies un divorcio legal por determinadas razones, como las apariencias, los hijos o las convicciones religiosas. Pero la distancia entre ustedes seguirá ensanchándose hacia una separación en la relación y un divorcio emocional. Te sentirás atascado e infeliz, viviendo en la misma casa y compartiendo el mismo apellido. El matrimonio soñado que alguna vez compartieron morirá lenta y dolorosamente. Todo lo que les falta es iniciar públicamente los trámites en los tribunales locales.

Cuando tu cónyuge habla acerca de la importancia que tiene su matrimonio, escúchalo. Los cónyuges que consideran que sus matrimonios turbulentos aún tienen posibilidades, por lo general hablan de los problemas y sugieren que se tomen medidas para mejorarlo. Cuando dejan de hablar, cuidado, puede significar que han dejado de buscar la salida. Si este modelo de separación emocional continúa durante seis meses o más, este cónyuge puede terminar yéndose físicamente.

LA SENDA DEL AMOR QUE PERDONA

Barb y yo ni siquiera queremos acercarnos al camino que lleva al divorcio emocional, tampoco queremos que tú estés allí. Para poder seguir moviéndonos en dirección a nuestro matrimonio soñado y lejos de la desunión y el divorcio, necesitamos que sucedan tres cosas.

En primer lugar, necesitas reconocer la realidad de que tú y tu cónyuge se causan dolor el uno al otro de vez en cuando. Es posible que no sea intencional y que ni siquiera sepas cuando suceda. Pero ocurre en el curso diario de sus vidas, a través de lo que dices o de lo que no dices, y a través de lo que haces o no haces. Admite que ambos son responsables. Ambos son víctimas y culpables del dolor conyugal que experimentan. Admítelo: ¡Se necesitan *dos* para bailar el tango y se necesitan *dos* para quedar enredados!

En segundo lugar, necesitas saber qué hacer cuando el dolor y los conflictos inevitables ocurren en tu matrimonio. Los conflictos se deben resolver. Las ofensas se deben confesar y perdonar. Las heridas se deben sanar. La Biblia tiene un plan para que nos abramos paso entre la ira, los topetazos y las colisiones frontales en el matrimonio. Ambos necesitan incorporar este plan hasta que se convierta en algo natural.

En tercer lugar, necesitas poner el plan de Dios en práctica cuando el conflicto y el dolor surgen en tu matrimonio. Saber qué hacer no es suficiente. Los sentimientos de cariño y una actitud positiva hacia tu cónyuge no son suficientes. Las buenas intenciones no acabarán con el conflicto. Aun la oración no logra todo, a pesar de que es nuestro lugar esencial de comienzo. Permítenos enseñarte un plan bíblico, de manera que cuando el próximo conflicto asome la cabeza, sepas cómo manejarlo haciendo lo correcto.

Como Jesús les dijo a sus discípulos: «¿Entienden esto? Dichosos serán si lo ponen en práctica» (Juan 13:17, NVI).

Este libro te ayudará a dar estos tres pasos. Barb y yo te enseñaremos las técnicas que te ayudarán a construir en tu relación matrimonial lo que llamamos *el amor que perdona*. Aprenderás a resolver tus conflictos, grandes y pequeños, antes de que se acumulen y crezcan como una pared entre ustedes. Te guiaremos por un proceso que te ayudará a sanar las lesiones emocionales antes de que la gangrena de la distancia y la desunión envenenen tu matrimonio. A medida que el amor que perdona se vuelva una expresión cotidiana en sus vidas, irán dando pasos más importantes hacia un matrimonio a prueba de divorcio.

Para comenzar, Barb va a darles una breve reseña del rumbo que tomaremos.

UNA MIRADA AL CIRCUITO

Antes de que fundáramos el ministerio de alcance nacional de *America's Family Coaches*, Gary aconsejaba a familias en su consultorio privado. Durante esos años, escuchaba cómo las personas derramaban el dolor de sus matrimonios y de sus relaciones familiares durante cada hora de sus días de trabajo, a lo largo de toda la semana. Así es como Dios le dio el discernimiento para diseñar un plan que ayudara a las parejas a visualizar dónde se encontraban en su crisis conyugal, a determinar cómo llegaron allí y a experimentar los principios bíblicos del amor que perdona. Mientras escuchaba a cientos de personas lastimadas derramar su dolor conyugal, Gary se dio cuenta de la existencia de un hilo de sucesos en común, entrelazado prácticamente en cada triste historia. Al analizar esta secuencia, desarrolló un concepto que ha ayudado a sanar y a revitalizar a una innumerable cantidad de matrimonios. Es el mismo concepto que usamos en nuestro ministerio en todo el país actualmente y el concepto que te comunicaremos en los capítulos que siguen. Nos referimos a él como «El circuito». Así es como funciona. (Ver el diagrama en la figura 1.)

El circuito abierto del conflicto. El conflicto conyugal comienza con una ofensa de algún tipo. Tu cónyuge te dice o te hace algo que te hace daño, intencionalmente o no. La ofensa provoca una reacción emocional: estás herido y luego enojado. A esto lo vemos como un circuito abierto de conflicto en tu relación. En este momento, es posible que tu cónyuge ni siquiera sepa que algo está mal.

En lugar de tratar la ofensa y resolver el conflicto, muchos cónyuges ofendidos responden de maneras que sólo empeoran las cosas. Puedes devolver el golpe verbalmente o con tus acciones, desahogando tu enojo sobre tu cónyuge. Puedes enterrar tu enojo y dejar que fermente, esperando mantener la paz hasta que pase la tormenta. O sencillamente puedes rendirte y dejar que tu cónyuge se salga con la suya. Con el tiempo, el argumento cesará y los dos seguirán con su vida. Pero el circuito doloroso sigue abierto.

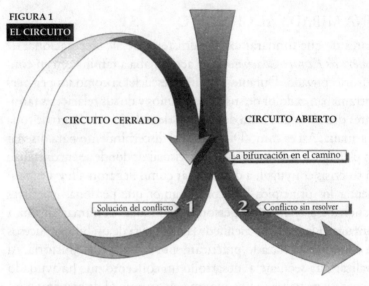

FIGURA 1
EL CIRCUITO

Muchas parejas viven con docenas de circuitos abiertos en sus matrimonios. Gary y yo hemos escuchado sus angustiosas historias. Los conflictos sin resolver y las heridas sin sanar se apilan sobre cada uno de ellos. El enojo latente crece hasta transformarse en amargura, resentimiento, apatía y aun odio. Además, con cada conflicto adicional, el esposo y la esposa se alejan entre sí y se acercan al divorcio emocional. En la primera parte del libro, exploraremos en detalle el dolor y los peligros ocultos que surgen al ignorar los circuitos abiertos del conflicto en tu matrimonio.

La bifurcación en el camino. Siempre que una ofensa abre el circuito en tu relación, puedes elegir qué hacer. Puedes decidir hacer lo que se necesita para cerrarlo o puedes no hacer nada y sufrir las dolorosas consecuencias. Parece muy simple, ¿no es cierto? Sin embargo, nuestra experiencia con el paso de los años nos ha convencido de que los esposos y las esposas tienen dificultad para tomar la decisión de sanar sus heridas. En la segunda parte, observaremos más de cerca esta elección tan importante e identificaremos algunos obstáculos comunes.

El circuito cerrado de la sanidad. La Biblia nos brinda instrucciones claras para resolver el conflicto y sanar las heridas. Una vez que tomas la decisión de ejercitar el amor que perdona en tu matrimonio, Dios te dará el poder para esa tarea por medio de su Espíritu y pondrá en marcha el proceso de sanidad.

Lo primero que hay que hacer para cerrar el circuito es preparar el corazón, disipar el enojo y comunicarle tus preocupaciones a tu cónyuge. Luego, es necesario enfrentar los conflictos, perdonar a tu cónyuge y reconstruir la confianza como esposo y esposa. En la tercera parte, Gary y yo te enseñaremos estos pasos importantes para cerrar el circuito.

Lo que te comunicamos es un plan basado en la Biblia para sanar las heridas de tu matrimonio. La Palabra de Dios está llena de instrucción, amonestación y aliento acerca de nuestras relaciones en todos los niveles, incluyendo el matrimonio. Gary va a relatarles una de las parábolas de Jesús que es el fundamento para el proceso del amor que perdona en el matrimonio, como así también en otras relaciones.

Un mensaje ilustrativo de sanidad

Es probable que la historia del hijo pródigo te resulte conocida. Se encuentra en Lucas 15:11-24. La parábola de Jesús es una ilustración que no tiene límites en el tiempo y es un ejemplo de cómo abrir y cerrar el circuito: conflicto, herida, solución, sanidad. En esta historia, el Maestro nos ofrece esperanza y ayuda para restaurar nuestras relaciones deshechas.

El circuito abierto del conflicto. La historia comienza cuando el más joven de dos hijos le exige al padre su parte de la herencia familiar. ¡Qué bofetada! En los tiempos del Nuevo Testamento, la ofensa más grande que un hijo podía cometer era pedir su herencia con anticipación. Sería como si tu hijo o hija adolescente demandara: «Quiero mi herencia ahora porque estás muerto para mí».

Aunque parezca mentira, el padre satisfizo la demanda del joven pagando su herencia. Tal vez, el padre sabía que el chico cabeza dura estaba fuera de su control. Pero también es posible que este sabio y amoroso padre supiera que si le daba la herencia al muchacho, tal vez se abriría una puerta para que Dios hiciera algo en el duro corazón de su hijo y a la larga los guiara a una relación restaurada.

Como si el hijo no hubiera herido lo suficiente a su padre, el texto dice: «Días después el menor empaquetó sus pertenencias y se fue a una tierra lejana, donde malgastó el dinero en fiestas y mujeres malas» (Lucas 15:13). Imagina como se sentía el padre cuando el muchacho, con un gesto burlón, se alejó de él y de la granja familiar. Además, imagina la reacción de los otros padres de la comunidad: «Si mi hijo cometiera semejante acto de atrevimiento yo le diría: "De ninguna manera, ¡vuelve a los sembrados!"»; «Mi hijo nunca tendría éxito, y cuando fracasara, nunca lo dejaría volver». Pero este papá era distinto.

La parábola no nos dice cuánto tiempo le llevó a este insensible fiestero desperdiciar su dinero. Puede haber sido sólo unas pocas semanas o pueden haber sido meses. Pero luego, la realidad se hizo patente. Estaba en quiebra y lejos de su hogar (y su padre no estaba ahí para sacarlo de apuros). En ese momento, el hijo podría haber vuelto al hogar pero, probablemente, era demasiado orgulloso. La historia continúa: «Cuando se le acabó, hubo una gran escasez en aquel país, y el joven comenzó a pasar hambre. Tuvo que suplicarle a un granjero de los alrededores que lo empleara para cuidar cerdos. Tanta era el hambre que tenía, que le habría gustado comerse las algarrobas que comían los cerdos. Y nadie le daba nada» (Lucas 15:14-16).

¿Puedes imaginar esta escena? El muchacho de corazón duro, que tenía todo si volvía a casa, estaba hambriento probablemente por primera vez en su vida. Creo que Dios usó el hambre de comida que sentía el joven para sembrar en su cabeza la idea de que su mayor hambre era restaurar la relación con su padre. Sin embargo,

Dios tenía que hacer algo en el corazón del muchacho antes de que pudiera volver a su hogar.

Mientras tanto, ¿cómo seguía sosteniéndose el padre en medio del conflicto? Debe haber extrañado al muchacho terriblemente. Debe haberse sentido dolido por el rechazo de su hijo a todo lo que él representaba: una sólida ética laboral, una vida responsable, una conducta recta. Y sin embargo, mantenía los ojos en el camino con la esperanza de que su hijo volviera a él algún día. Hasta puedo verlo caminando desde la casa hacia el camino preguntándose: *¿Será hoy el día en que mi amado hijo vuelva a casa?*

La bifurcación en el camino. Al final, el joven no pudo soportar más. Se dio cuenta de que había cometido un gran error. No sólo había arruinado su propia vida sino que había ofendido seriamente a su padre. Estaba parado en una bifurcación del camino. Era hora de elegir. ¿Dejaría abierto el circuito para siempre, justificando su conducta, culpando a otros, revolcándose en la autocompasión y en la culpa implacable o elegiría cerrar el circuito y restaurar la relación con su padre?

Volviendo a la narración: «Un día reflexionó y se dijo: "En mi casa los jornaleros tienen comida en abundancia, y yo aquí me estoy muriendo de hambre. Iré a mi padre y le diré: "Padre, he pecado contra el cielo y contra ti. Ya no soy digno de que me llames hijo. Tómame como a uno de tus jornaleros"» (Lucas 15:17-19). El chico sabía que tenía que humillarse a sí mismo y confesar su pecado para hacer las cosas bien.

¿Pero cómo respondería el padre del hijo pródigo? ¿Lo rechazaría? Era lo que merecía. Al fin y al cabo, él había rechazado a su padre. Sin embargo, el muchacho sabía que tenía que volver a casa. El orgullo había sido reemplazado por un corazón quebrantado. En otro tiempo, se había aferrado a una visión de la vida exigente y centrada en sí mismo; ahora el hijo pródigo deseaba restaurar una relación deshecha. Así que encaminó sus pasos hacia el hogar.

No puedo dejar de pensar que las oraciones de un padre amoroso alentaron al hijo pródigo a esta comprensión crucial de las cosas.

El circuito cerrado de la sanidad. Luego, algo maravilloso sucede en la parábola:

> Y así lo hizo. Cuando todavía estaba lejos, el padre lo vio acercarse y, lleno de compasión, corrió, lo abrazó y lo besó. «Padre, he pecado contra el cielo y contra ti,» dijo el joven. «Ya no soy digno de que me llames hijo…» «¡Pronto!», lo interrumpió el padre, dirigiéndose a sus esclavos. «Traigan la mejor ropa que encuentren y póngansela. Y denle también anillo y zapatos. Y maten el becerro más gordo. ¡Tenemos que celebrar esto! ¡Este hijo mío estaba muerto y ha revivido, estaba perdido y apareció!» Y comenzó la fiesta. (Lucas 15:20-24).

Se me pone la piel de gallina cuando me doy cuenta de que el padre de la historia estaba más ansioso por cerrar el circuito que su hijo descarriado. El padre vio venir a su hijo desde lejos. Pero no permaneció parado en la entrada de la casa esperándolo. Se levantó y corrió para salirle al encuentro. Y al arrojar los brazos alrededor de su hijo arrepentido, el padre le garantizó el perdón completo y restauró su compañerismo.

¡Qué escena! ¿Puedes ver las lágrimas de gozo? ¿Puedes oír la música de celebración en segundo plano? ¿Puedes sentir la paz que surge al sanar una relación deshecha? A Barb y a mí nos encanta esta parábola y la manera en la que ilustra cómo es el corazón de Dios para sanar las heridas.

Y si te gusta este final feliz, imagina lo que está reservado para ti y tu cónyuge cuando comiences a ejercitar el amor que perdona en tu matrimonio. Los esposos y las esposas están más unidos que los padres y los hijos. El dolor del circuito abierto es aun más grande en el matrimonio y el gozo y la paz de la sanidad son aun más dulces. Puedes revivir la escena final de esta parábola una y otra vez a través de tu propia experiencia a medida que aprendas a cerrar el circuito del conflicto y la herida. Permítenos mostrarte la manera de hacer esto en las páginas que siguen.

PRIMERA PARTE

EL CIRCUITO ABIERTO DEL CONFLICTO

2

El ataque sorpresa de la ofensa

—Teníamos el matrimonio más maravilloso que se pudiera imaginar, Gary. Criamos tres hijos fantásticos y ahora tenemos un nuevo nieto que es la luz de nuestras vidas. Pero hace tres semanas, Nancy se fue y mi mundo se hizo pedazos.

El hombre sentado en mi oficina era muy respetado en nuestra comunidad por su carácter, su liderazgo y su influencia cristianos. Dean estaba en la cima en todas las áreas. Tenía una carrera exitosa. Era líder y maestro en el ministerio para hombres de su iglesia... y suponía que su matrimonio estaba seguro. La repentina partida de Nancy lo había tomado por sorpresa. Las ojeras en su rostro revelaban lo dolorosas que habían sido esas tres semanas para él. Había sido derribado y estaba casi fuera de combate.

Dean continuó:

—Nancy es la última mujer en el mundo de la que hubiera esperado algo así. Es una madre maravillosa; todos la aman. Sé que he estado ocupado. Sé que no le he respondido como debiera. La chispa de nuestra relación puede haberse reducido un poco, pero nunca pensé que me dejaría. Todos los matrimonios pasan por tiempos de separación, ¿no es así? No pensé que nuestro tiempo fuera tan serio.

—¿Hay otro hombre? —pregunté.

Dean asintió desesperadamente.

—Un cliente que conoció en el trabajo. Con los hijos ya lejos de casa y mi carrera por las nubes, Nancy consiguió un empleo de medio tiempo, algo como para salir del nido vacío. Este tipo iba constantemente al negocio. Nunca me contó acerca de él, pero comenzó a cambiar. Comenzó a usar más perfume, compró ropa nueva y había una chispa en ella que hacía años que no veía. Ahora sé por qué. Nancy resplandecía por el cariño de otro hombre.

—¿Cómo descubriste lo de este hombre? —pregunté.

—Estaba rebuscando en la alacena del lavadero, tratando de encontrar la llave del cobertizo —dijo Dean—. Encontré una tarjeta oculta detrás de unas cosas, como escondida. Tenía el aspecto de una tarjeta que yo mismo podría haberle dado hace unos años a Nancy, ya sabes, sentimental y romántica. Pero no era mía, era de alguien llamado Tim. No podía creer lo que leía. Era como si este tipo conociera cada parte íntima de mi esposa que yo conocía... ¡y más!

—¿Qué hiciste?

—Caminé hacia la sala donde Nancy estaba ordenando la correspondencia. Dejé caer la tarjeta sobre la pila de cartas que estaba delante de ella. La miró y luego lentamente me miró a mí. Me dijo que nunca quiso herirme pero que me desconocía. Dije: «Dime que es una broma o alguna manera de llamarme la atención. Dime que no es real». Ella me respondió: «Es real. Lamento haberte lastimado, pero no lamento que lo descubrieras. Haré las valijas. Ya tengo un departamento». Había lágrimas en sus ojos.

Gary, te he oído hablar de la esposa que se marcha, pero nunca pensé que estaría sentado en tu oficina contándote que Nancy es una de ellas. Dejó de hablar cuando yo dejé de escuchar. Justifiqué mi preocupación por el trabajo pensando que con él estaba preparando nuestra jubilación, pero ahora me doy cuenta de que estaba tan absorto en mis cosas que no podía escuchar lo que ella me quería decir acerca de sus necesidades, hasta que fue demasiado tarde.

—¿Qué hiciste cuando Nancy te dijo que haría las valijas para irse?

—Fue extraño. Una parte de mí quería tratar de llegar a ella. Ése es mi trabajo como esposo, ya sabes, lo que la Biblia dice acerca de confortarse el uno al otro. Otra parte de mí quería torcerle el cuello. Nunca había sentido ese tipo de confusión en mi vida. Comencé a llorar. No lo había hecho en años. Nos quedamos allí por algunos minutos, mirándonos y llorando. Nancy dijo que quería contarme todo, pero que tenía miedo. Oírla decir «Tengo un departamento» me dejó anonadado. Nunca imaginé que esas palabras podrían salir de su boca.

En nuestro programa radial diario, Barb y yo oímos con frecuencia acerca de esposas que se marchan. Cuando hay un conflicto serio en el matrimonio, en general es la esposa la que se va. La autora y experta en matrimonios Michele Weiner-Davis informa: «Aproximadamente dos tercios de los divorcios en nuestro país los inician las mujeres».[1]

LAS OFENSAS CONYUGALES SON INEVITABLES

Prestemos atención a la última afirmación de Dean: «Nunca imaginé que esas palabras podrían salir de su boca». Barb y yo no podemos calcular la cantidad de veces que hemos oído algo por el estilo de boca de un esposo o una esposa que han sido heridos. Para describir el dolor que han sufrido en sus matrimonios, exclaman:

- «No puedo creer que hiciera algo tan cruel».
- «Yo sabía que ella era infeliz, ¡pero nunca esperé esto!»
- «¿Por qué me mentiría a mí, su propia esposa? No se puede creer».
- «¿Qué hice para merecer semejante trato?»
- «¿Cómo permitimos que nuestro matrimonio llegara a una situación tan mala?»

La experiencia angustiosa de Dean nos recuerda que una relación matrimonial, incluyendo la nuestra y la tuya, no es siempre un encanto. Nos ofendemos mutuamente. (Ver el diagrama en la figura 2.) Las ofensas se producen y cada una de ellas abre un circuito doloroso en la relación, pero cuando esto sucede, a menudo nos sorprende, simplemente porque no esperamos que el matrimonio sea un lugar de dolor. Por cierto, Dean no esperaba sentir el dolor que estaba experimentando. Más adelante, te contaremos más acerca de la historia de Dean y Nancy.

La mayoría de las personas se lanzan al matrimonio con una visión idealista de la armonía conyugal.

¿Alguna vez hablaste con parejas que están comprometidas? ¿Has visto ese destello refulgente en sus ojos? ¿Has oído cómo dicen el uno del otro: «Me caso con un verdadero caballero» o «Mi futura esposa es mi sueño hecho realidad»? Los sentimientos de amor y los sueños de un matrimonio de cuento de hadas los embargan de tal manera que están atontados como para ver que los conflictos y las ofensas son inevitables. Sin duda, esto es típico en la mayoría de las parejas y probablemente es la manera en la que tú y tu cónyuge comenzaron su travesía conyugal.

Barb y yo a menudo nos encontramos con esos esposos y esposas una vez que el sedante de la ingenuidad se acabó. El brillo

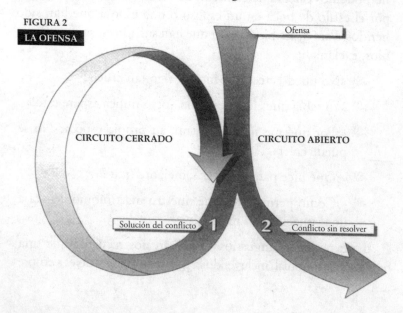

de la luna de miel y del primer año de casados ha comenzado a desvanecerse. Se enfrentan cara a cara con la realidad de que su cónyuge no es un ángel perfecto. Tiene debilidades y fallas de carácter. Comete errores y actúa en forma egoísta. Y cuando los malentendidos se asoman y las imperfecciones salen a la superficie de diferentes maneras, cada parte siente el aguijón de la ofensa. La relación adúltera de Nancy con este otro hombre lastimó profundamente a su esposo, Dean y todos entendemos por qué. El adulterio es una ofensa conyugal de primer grado. Pero hay un sinnúmero de maneras con las que agraviamos a nuestro cónyuge que son de menor gravedad. Tal vez reconozcas algunos de los siguientes ejemplos en tu propio matrimonio.

- Olvidas el aniversario u otra fecha importante para tu cónyuge.
- Tu cónyuge hace algún comentario crítico sobre tu aspecto.
- Prometes estar en casa a determinada hora pero llegas una hora tarde.
- Tu cónyuge trata sin cuidado un «tesoro» que te pertenece y lo rompe.
- Rara vez le haces un cumplido por su aspecto.
- Tu cónyuge no demuestra aprecio por todo de lo que haces por él o por ella.
- Le ocultas información.
- Tu cónyuge se opone a hacer lo que tú quieres.
- Dejas cosas tiradas por ahí, a pesar de que tu cónyuge te pidió que no lo hicieras.
- Tu cónyuge se niega a disciplinar a los niños cuando no estás en casa.

- Le hablas mal delante de los niños.
- Tu cónyuge te miente acerca de las finanzas familiares.
- Ignoras a sus amigos.
- Te sermonea cuando en realidad necesitas consuelo y comprensión.
- No resuelves los problemas hablando con tu cónyuge.
- Tu cónyuge te abusa verbalmente.
- Rechazas sus acercamientos sexuales.

Por supuesto, esta lista podría prolongarse tediosamente por muchas páginas. No pretende ser un catálogo exhaustivo de ofensas conyugales, sólo un recordatorio de la gran variedad de conflictos que abren circuitos de ofensa y dolor en todo matrimonio, tal vez con mayor frecuencia de lo que lo admitimos. Barb y yo no queremos dar a entender una visión fatalista de los conflictos conyugales: estos van a ocurrir de todas maneras, entonces, ¿para qué tratar de prevenirlos? Más bien, deberías continuar esforzándote con la mayor diligencia posible para evitar conflictos innecesarios en tu matrimonio y para resolver los conflictos y sanar las heridas que suceden de tanto en tanto. ¿De dónde vienen los conflictos conyugales? Comprender el origen de los conflictos que experimentas en el hogar te equipará mejor para ocuparte de ellos. Barb brindará algunas valiosas reflexiones para comprender por qué tú y tu cónyuge a veces entran en conflicto.

EL ORIGEN DE LOS CONFLICTOS CONYUGALES

El conflicto en el matrimonio es inevitable porque cada pareja trae a la relación dos estilos de vida distintos. A medida que el esposo y la esposa se adaptan a vivir juntos, las diferencias pueden conducir a todo tipo de problemas. Por ejemplo, ¿cuánto tiempo te costó descubrir que uno de ustedes es una «campanilla diurna» y el otro es un «búho nocturno»? Gary es el que se levanta temprano en casa y yo, sin duda, soy el búho nocturno. Por lo general, me voy a dormir bastante más tarde que Gary y si lo despierto en ese momento, el Sr. Bonachón se convierte en el Sr. Gruñón. Gary se levanta mucho más temprano que yo, pero si lo hace con un poco de ruido, aunque sea apenas silbando una alegre tonada en el baño, ¡es probable que oiga la voz de una esposa muy descontenta!

Veamos algunas diferencias comunes que pueden conducir al conflicto y a las ofensas en la relación matrimonial.

Diferencias por el trasfondo familiar

Ron es oriundo del nordeste del Pacífico y Ann creció en la región sudeste del país. Se conocieron en California cuando comenzaron a trabajar en una gran empresa del lugar. Nunca se imaginaron que sus diferentes trasfondos familiares serían una fuente de conflicto en su matrimonio.

El padre de Ron era un vendedor exitoso cuyo ingreso fue aumentando en forma constante durante la infancia y adolescencia de Ron. La familia no era rica, pero disfrutaba de un estilo de vida holgado. Vivían en una amplia casa en los suburbios de la ciudad, hacían viajes por el país y mantenían una cabaña para las vacaciones en la playa.

Ann pasó sus primeros años en una granja hasta que la familia se mudó a una gran ciudad sureña. Su padre trabajaba en una fábrica. No ganaba mucho dinero pero la familia no era pobre. Tenían un techo sobre sus cabezas, bastante para comer y el dinero suficiente en el banco para satisfacer necesidades futuras. Cuando salían de vacaciones, nunca era a más de 400 kilómetros de la casa.

Ron disfrutó de una vida familiar segura. Sus padres se amaban y ayudaban a sus hijos en todo lo que podían. La estabilidad del resto de los parientes también contribuía a que se sintiera seguro.

Ann describe sus años de infancia con períodos de seguridad y de caos alternados. Sus padres la amaban a ella y a sus dos hermanas, pero peleaban entre ellos y se esforzaron para salir adelante a lo largo de algunos años difíciles durante la infancia de Ann. Nunca se divorciaron pero estaban lejos de ser modelos sólidos de conducta que enseñaran acerca del amor y la apreciación mutua en la pareja. Algunos miembros del resto de los parientes de Ann luchaban contra el alcoholismo y algunos matrimonios de su familia terminaron en divorcio. El único momento en que se encontraron las familias de Ron y Ann fue en su boda. Ahora, Ron y Ann viven en la región central del país, lejos de ambas familias. Sus distintos trasfondos han encendido el conflicto en su matrimonio. Por ejemplo, la familia de Ron gasta más dinero en los regalos de Navidad que la familia de Ann, y Ron siente la presión de tener que conservar la tradición. Pero Ron y Ann tienen un presupuesto limitado. Más de una vez él la ha ofendido al desear gastar más en sus padres que en los de ella.

También están en desacuerdo acerca de dónde pasar las fiestas. A cada uno le encanta «ir a casa», pero la distancia del viaje hace imposible visitar a ambas familias en Navidad. Ron le dijo a Ann que no le gusta ir a la casa de los padres de ella porque «hay demasiado caos y humo de cigarrillo». Ann se siente herida por su actitud. Le parece que Ron debería aprender a aceptar esta situación porque no está segura de cuántos años más podrá pasar la Navidad con sus padres ya ancianos. Ron y Ann son afortunados. Su fe en Cristo y el compromiso con su relación les ha ayudado a través de muchos conflictos que resultaron de sus diferentes trasfondos familiares. Pero para muchas de las parejas con las que Gary y yo hablamos, el choque de los valores y las tradiciones familiares encienden conflictos más graves, discusiones acaloradas y heridas profundas año tras año.

Diferencias de personalidad

Se dice que los opuestos se atraen. En nuestra experiencia, esto es más cierto que nunca en las diferencias de personalidad de las parejas casadas. Con frecuencia, observamos las siguientes combinaciones.

Tal vez tú y tu cónyuge se vean identificados en uno o más de estos ejemplos.

- Una persona sociable, el alma de la fiesta, se casa con un silencioso ratón de biblioteca.
- Un «fanático del orden» se casa con un «desordenado».
- Alguien a quien le gusta escuchar se casa con alguien a quien le gusta conversar.
- Un sentimental se casa con un pensador.
- Uno que es «siempre puntual» se casa con uno que «llega cuando puede».
- Un despistado se casa con una persona que es detallista.
- Un amante del arte y de la música se casa con un monótono daltónico.
- Un ahorrador disciplinado se casa con un despreocupado derrochador.

Durante el noviazgo, muchas parejas ven sus diferencias de personalidad como complementarias. Pero después de la boda, a veces, esas diferencias comienzan a exacerbar los nervios y conducen al conflicto. Al extrovertido le molesta la petición del introvertido de irse más temprano de la fiesta. El desordenado se siente importunado por el fanático del orden que insiste con «un lugar para cada cosa y cada cosa en su lugar». A la persona puntual le pone los nervios de punta un cónyuge que no puede salir a horario.

Gary y yo pensamos que las diferencias de personalidad son algo bueno. Como alguien dijo: «Si dos personas son exactamente iguales, una de ellas es innecesaria». Pero mantente alerta para descubrir de qué maneras tu tipo de personalidad puede ser una fuente de irritación para tu cónyuge.

Diferencias de valores

A medida que nuestra sociedad se aleja cada vez más de su fundamento judeocristiano, los conflictos conyugales provocados por diferencias en los valores, en la cosmovisión y en las filosofías, se vuelven más comunes. Aun cuando ambos compañeros son cristianos dedicados, las diferentes perspectivas acerca de algunos temas conducen a las ofensas.

Molly y Tom se conocieron y se enamoraron mientras estudiaban en la universidad y estaban involucrados en un grupo cristiano universitario. Estaban seguros de que sus creencias en común les darían un fundamento sólido para el matrimonio y estaban en lo cierto. Pero durante dos años, la elección de la iglesia a la que asistirían fue una gran causa de dolor.

Molly se crió en una iglesia pequeña y tradicional, la única a la que había asistido. Todos sus hermanos y hermanas continuaban asistiendo aún después de haber iniciado sus propias familias. Ella amaba a su pastor y los viejos himnos que había conocido toda su vida. Tom, en cambio, asistía a una iglesia grande, en la misma comunidad, que se caracterizaba por la alabanza contemporánea y una atmósfera menos formal. Él se sentía reprimido por la liturgia tradicional de la iglesia de Molly y pensaba que la gente necesitaba «relajarse y disfrutar un poco en la iglesia».

Cuando se casaron, Tom sintió que debían asistir a su iglesia y se ofendió cuando Molly dijo que se sentía incómoda allí. A Molly la desilusionó que Tom no se diera cuenta de la importancia que tenía para ella continuar el legado de su familia al asistir a su iglesia. A la larga, sus discusiones fueron más allá de la iglesia a la que asistirían y llegaron a temas como el de los papeles matrimoniales. Como líder del hogar, Tom quería que Molly lo siguiera a su iglesia. Molly no estaba segura de si el liderazgo bíblico del esposo incluía decirle a su esposa a qué iglesia ir. También discutían acerca de qué estilo de alabanza era más bíblico. Molly criticaba a la iglesia de Tom por poner más énfasis en levantar las manos en la alabanza que en el evangelismo. Es posible que tú y tu cónyuge tengan valores similares, en especial en lo que se refiere a la fe y a las costumbres cristianas. Pero cuando esos valores difieren, ten cuidado con el conflicto.

Diferencias de género

Siempre que la gente habla acerca de las diferencias entre hombres y mujeres, el debate a menudo se centra en la causa de esas diferencias: ¿Es «naturaleza» o «educación»? Sin embargo, para nuestra discusión, la causa no es tan importante como el hecho de que las diferencias realmente existen. El Dr. James Dobson habla acerca de las diferencias entre los hombres y las mujeres en su libro siempre actual *Hablemos con franqueza*:

> Cualquiera que dude que los hombres y las mujeres son diferentes, debería observar cómo abordan un juego de ping-pong, de Monopolio, de dominó, de herraduras, de voleibol o tenis. Las mujeres a menudo utilizan el acontecimiento como una excusa para el compañerismo y una agradable conversación. Para los hombres, el nombre del juego es conquista. Aun si el ambiente es una reunión social amistosa en el patio trasero del anfitrión, las gotas de sudor de la frente de cada hombre revelan su pasión por ganar. Esta competitividad agresiva se le ha atribuido a las influencias culturales. No lo creo. Como Richard Restak dijo: «En una fiesta de cumpleaños para niños de cinco años, en general no son las niñas las que tiran del cabello, dan puñetazos o se embadurnan con comida».[2]

Los hombres y las mujeres difieren en muchas áreas, pero mencionaré una que comúnmente conduce a la ofensa y al dolor: la sexualidad. Los hombres se excitan y se satisfacen más rápidamente que sus esposas. Así están diseñados. Las mujeres necesitan más caricias, cuidado y relación. Esta sola diferencia ha complicado las relaciones sexuales a través de la historia.

¿Cuán a menudo los esposos ofenden a sus esposas al apurarse cuando tienen relaciones sexuales?

¿Cuántas mujeres han endurecido sus corazones y se han amargado porque sus esposos no satisfacen sus necesidades sexuales únicas? ¿Y cuán a menudo las esposas ofenden a sus esposos negándoles el acto sexual hasta que la «atmósfera sea la apropiada»?

Gary Smalley y John Trent escriben en su libro *El amor es una decisión*: «Para la mayoría de las mujeres, el sexo es mucho más que un acto físico independiente. Es la culminación de un día lleno de seguridad, de conversación, de experiencias románticas y emotivas y, luego, si todo está bien, la relación sexual. Para la mayoría de los hombres, podemos revertir el orden, ¡o sencillamente omitir todo lo que viene antes de la relación sexual!»[3]

Hombres, para que sus esposas disfruten plenamente de la experiencia sexual, es necesario que satisfagan las necesidades emocionales que tienen como mujeres. Esposas, no minimicen la necesidad de sus esposos de la expresión física de la intimidad sexual, aunque ellos sean lentos en satisfacer sus necesidades emocionales y de relación.

Como puedes ver, los conflictos entre los esposos son inevitables y surgen de causas aparentemente inocentes. Estos choques de diferentes estilos de vida, sumados a nuestra debilidad y pecaminosidad, nos dan una gran cantidad de municiones para ofender a nuestros cónyuges. Pero la ofensa es sólo el primer paso para abrir el circuito. En el próximo capítulo, veremos las dos etapas siguientes en la reacción en cadena del conflicto: la herida y el enojo.

3

La reacción en cadena de la herida y el enojo

Una noche de sueño intermitente hace varios años, me desperté y cuando me di vuelta, vi que estaba encendida la luz del pasillo fuera del dormitorio. Barb no estaba acostada a mi lado, así que sabía que algo estaba mal… y estaba bastante seguro de que yo era el causante. Esa noche, más temprano, habíamos tenido un conflicto. Mientras tratábamos de resolver nuestro problema, discutimos. Mientras luchaba por defender mi ego, saqué un sutil proyectil verbal y lo disparé en dirección a ella, algo que salió de mi boca antes de que lo pensara. Sabía que la había ofendido, pero ella continuó animosamente la discusión. Esperaba que olvidara rápidamente mi comentario desagradable.

Las sábanas frías en el lugar donde duerme Barb me pusieron sobre aviso de que ella no lo había olvidado. Me deslicé fuera de la cama y fui a buscarla. La encontré en el dormitorio para huéspedes… sola, herida y llena de lágrimas. Había sido una noche larga y dolorosa para aquella persona a la que yo había prometido amar, honrar y cuidar. Mi proyectil defensivo y descuidado había dado en el blanco. Este no era uno de los mejores momentos de un buen matrimonio que está madurando para llegar a ser un gran matrimonio. Había abierto el circuito al ofender a Barb con mis palabras. Era una de las muchas veces en que el Dr. Rosberg, consejero matrimonial, tenía que tomar algo de su propia medicina cerrando el circuito y sanando la herida que había causado. Cuando ofendes a tu cónyuge o tu cónyuge te ofende, duele. El dolor no es tanto físico, sino que afecta las emociones y la relación, aunque las heridas interiores sin curar pueden afectar tu estado físico. Barb te dará una visión más detallada de la dinámica de la herida en el circuito abierto del conflicto matrimonial y te indicará adónde puede conducir.

LAS OFENSAS SIN RESOLVER CAUSAN HERIDAS

Gary me hirió cuando me «disparó» ese proyectil aquella noche al usar un comentario desagradable. Pero no quería que él supiera cuánto dolor sentía, así que traté de ignorarlo. Cuando Gary no avanzó y cerró el circuito en el momento, me sentí aun peor. Dentro de mí estaba abatida. Aquella noche, no pude dormir. Me escabullí al dormitorio de huéspedes, lloré por el dolor interno que sentía.

Ahora, por si esto suena parcial, déjenme asegurarles que yo soy igualmente culpable de ofender y herir a mi esposo de vez en cuando. Tenemos un buen matrimonio que mejora día a día. Pero todavía nos herimos mutuamente, al igual que ustedes. Nuestro matrimonio continúa haciéndose más fuerte porque cuando ocurren las ofensas y las heridas, nos esforzamos por cerrar el circuito con la mayor rapidez posible. Es una de las maneras en las que protegemos a nuestro matrimonio a prueba de divorcio.

Si una ofensa entre tú y tu cónyuge se trata de inmediato, la herida pasa rápidamente y no quedan consecuencias permanentes. Por ejemplo, esposas, digamos que en un viaje que realizan juntos dejas escapar un comentario crítico acerca de la manera de conducir de tu esposo. De repente, sientes un momento frío de silencio entre ustedes. Al darte cuenta de tu ofensa, dices con sinceridad: «Lo siento, amor. Fue cruel e injusto de mi parte, no quise herirte. ¿Me perdonas?» A tu esposo le agrada tu disculpa, te perdona y la herida prácticamente se anula al cerrar el circuito con tanta rapidez.

No obstante, es lamentable que la mayoría de las ofensas conyugales no se resuelvan de manera tan eficaz. A veces, no te das cuenta de que lo que dijiste o hiciste ofendió a tu cónyuge, así que estás ajeno a la herida que causaste. Más a menudo, como en el ejemplo personal de Gary que mencionamos antes, sabes que lo que hiciste fue hiriente pero eres demasiado cabeza dura o estás demasiado avergonzado como para admitir la ofensa. Así que lo dejas pasar, dando tiempo a tu cónyuge para que sufra por lo que sucedió mientras el dolor se intensifica. Es como si tu ofensa abriera una herida en la carne y tu renuencia a resolverla de inmediato permitiera que comience a infectarse.

Otra razón por la que a veces el dolor emocional se pasa por alto es que, cuando te ofenden, es posible que no reconozcas la herida en el momento. Seamos realistas: no hay sangre, ni miembros rotos o dislocados, ni dolor físico que se pueda discernir. Algo que tu cónyuge dijo o hizo te dejó un poco deprimido. En la superficie, es posible que no haya parecido gran cosa. *¿Por qué me siento tan raro?*, te preguntas. *Tal vez me va a dar la*

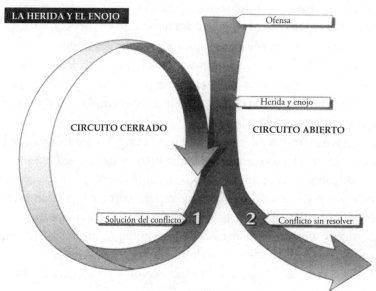

FIGURA 3
LA HERIDA Y EL ENOJO

gripe. No duele como cualquier otro dolor que conocemos, así que no lo clasificamos como dolor.

También es posible que te des cuenta de la herida interior en el momento, pero que intentes esconderla, como hice aquella noche cuando Gary me disparó su proyectil. No quieres que tu cónyuge sepa que te ha herido. No quieres que piense que eres vulnerable. Así que te endureces y actúas como si nada hubiera pasado. Mientras tanto, la lesión interior empeora. Es posible que seas consciente o no, pero cuando tú o tu cónyuge abren el circuito haciéndose mal de alguna manera, desatan el dolor, la emoción principal de un conflicto. Y si te demoras en cerrar el circuito, esa herida interior que está hirviendo a fuego lento puede desbordarse y convertirse en enojo. (Ver el diagrama en la figura 3.)

LA HERIDA SIN SANAR DESATA EL ENOJO

El enojo es el paso siguiente en el circuito abierto del conflicto. Hemos aprendido que el enojo es un sentimiento secundario, que generalmente viene después del dolor, la desilusión o el temor. Crece a partir de la ofensa y la herida cuando no se tratan con rapidez. Liberar el enojo sólo empeora las cosas en el conflicto y se convierte en otro obstáculo para resolverlo en forma pacífica.

El enojo es una emoción que los cristianos a menudo tratan de negar. En público, lo mantenemos bajo control. Pero en la privacidad de nuestros hogares, tendemos a bajar las defensas y permitimos que el enojo crezca y explote, a menudo con sombrías consecuencias en la relación.

En nuestras conferencias, cuando Gary y yo hablamos del enojo en la relación matrimonial, hablamos de lo que llamamos «el síndrome de la papa al horno». Imagina una gran papa rojiza en el horno. Enciendes el horno y la papa comienza a calentarse. Si le das suficiente tiempo, se cocina hasta tener un interior blanco y tierno, listo para la mantequilla, la crema agria, los cebollinos y los trocitos de tocino. Pero si te olvidas de la papa y la dejas cocinar demasiado, podría explotar y hacer un desastre en tu horno. Esto ilustra lo que puede suceder cuando permites que las ofensas, las heridas y el enojo se recalienten por falta de acción amorosa. El resultado puede ser un desastre.

Hoy en día, muchos consejeros dicen que es saludable expresar el enojo. Sí, es bueno expresar nuestros sentimientos si lo hacemos de manera constructiva. Todos sabemos que cuando nos toca recibir el enojo descontrolado, todo adquiere un matiz feo con mucha rapidez, y si nosotros somos los que lo expresamos, la culpa que sentimos después es un recordatorio de lo perturbadora que puede volverse la falta de dominio propio. El apóstol Pablo amonesta: «Si se enojan ustedes, no cometan el pecado de dar lugar al resentimiento. ¡Jamás se ponga el sol sobre su enojo! Dejen pronto el enojo, porque cuando uno está enojado le da ocasión al diablo» (Efesios 4:26-27). Demasiado a menudo, sin embargo, liberamos el enojo como un arma para vengarnos por una herida no sanada. Cuando sueltas tu enojo con hostilidad y con la intención de dañar, causas más problemas de los que resuelves.

Estarás mejor equipado para tratar el enojo en tu matrimonio si entiendes los diferentes tipos de enojo e identificas por qué respondes de la manera en que lo haces. Gary te ayudará a comprender mejor el síndrome de la papa al horno.

¿QUÉ TIPO DE ENOJO SE ENARDECE EN TU INTERIOR?

Hay tres variedades del enojo «papa al horno»: el enojo por la situación, el enojo desplazado y el enojo crónico. Cada uno tiene una causa diferente.

Algunas manifestaciones de enojo tienen que ver con la *situación* y se desatan por hechos específicos. Casi puedes predecirlo: Cuando sucede algo preciso, uno de ustedes reacciona con enojo. Por ejemplo, Barb y yo hemos identificado algunos hechos que generalmente desatan el enojo en uno de nosotros o en los dos. Una situación que hace que vuelen las chispas es cuando Barb está atrasada con las actividades en el momento que tenemos que ir a la iglesia o a una cita. Las chispas generalmente vuelan cuando empapelamos juntos una pared o colgamos cuadros. Una vez que colgué un cuadro, no quiero más agujeros de clavos; uno es suficiente. A Barb, por otro lado, le gusta experimentar con diferentes lugares o cambiar las cosas de lugar. Además, puedo ponerme un poco áspero en la temporada navideña cuando estoy en cuatro patas tratando de que el árbol quede derecho mientras mi familia ya está colgando los adornos.

¿Qué es lo que enciende la chispa de tu enojo? Tal vez alguna o varias de las siguientes situaciones te hagan enfadar.

- Amy y Doug son felices juntos la mayor parte del tiempo, pero cuando él promete llegar a casa a las seis de la tarde para el pollo *cordon bleu* de Amy y no llega hasta las ocho y media de la noche a ella le salta un fusible.

- A Frankie le gusta la manera en que Celia mantiene ordenada la casa. Sin embargo, ella se pasa de la raya cuando intenta organizar el escritorio que Frankie tiene en la oficina de la casa. Eso lo saca de quicio.

- Cuando salen de paseo, Vic se tiene que morder la lengua cuando Joella, dice algo así: «Te pasaste dieciséis kilómetros del límite de velocidad, Vic».

- Steve se pone como loco cuando Becky invita a alguien a cenar sin preguntarle primero. Se siente tentado a quedarse a trabajar hasta más tarde a propósito esas noches.

- Patrick y Serina manejan un negocio familiar y trabajan bien juntos, pero siempre que pintan o empapelan una habitación en la casa, Serina se vuelve loca por lo descuidado que es Patrick.

- Megan vuela de furia cuando descubre que Reuben ha estado visitando sitios pornográficos en Internet. Cada vez que lo pesca, Reuben promete dejarlo. Y con cada nueva ofensa Megan se enoja en extremo.

≫ De vez en cuando, Antonio se entera de que Lucy ha estado hablando de cosas personales de su matrimonio con sus amigas. Cada vez que eso sucede, Antonio no le habla por una semana.

Detrás de cada erupción de enojo que surge de una situación, están las ofensas y las heridas que no han sido resueltas. Cuanto más pronto cierres el circuito de ofensas y heridas, menos daño sufrirás (o infligirás) con el enojo.

Otra variedad de enojo es uno al que los conscjeros se refieren como *enojo desplazado*. En lugar de confrontar la causa directa del enojo en una situación y ocuparse de ella, el cónyuge ofendido expresa sus sentimientos indirectamente. Aquí hay un par de ejemplos clásicos.

Tu jefe te regaña en el trabajo, entonces cuando llegas a casa le gritas a tu cónyuge y a los niños sin razón. O ¿qué te parece este ejemplo clásico?: Tu cónyuge te ofende, entonces vas afuera y pateas al perro.

Tad entiende lo que es el enojo desplazado. Cada vez que él y Jeannie tienen un conflicto, ella «se olvida» de comprarle sus bocaditos favoritos en el mercado. Hace trece años que la pareja está casada. Tad es abogado y Jeannie es ingeniera química. Cuando surge un conflicto en su casa, Jeannie simplemente se rinde y hace lo que dice Tad, tal como lo hacían su madre y ella con su padre dominante. Sabe que si lo enfrenta, él levantará la voz hasta que ella entienda quién es el que manda. Entonces se esconde bajo la apariencia de una esposa sumisa y desahoga el enojo que él le produce de una manera indirecta. A Tad le encanta un tipo específico de bizcochitos salados. Antes de que Jeannie vaya al mercado, le recuerda que tiene que traerle un paquete. Ella asiente con la cabeza, pero por dentro razona: *Seguro, Tad, compraré los bizcochitos salados que quieres... cuando comiences a escucharme.*

Al día siguiente, Tad va a la alacena a buscar sus bizcochitos salados y no encuentra ninguno. Pregunta: «¿Dónde están mis bizcochitos, Jeannie?»

Jeannie responde con inocencia fingida: «Ah, lo siento amor, los olvidé. La próxima vez me acordaré». Esto es enojo desplazado. Con su manera indirecta, se está vengando tanto de su esposo como de su padre, por los años en los que no escucharon lo que había en su corazón.

Es posible que el enojo desplazado no sea tan dañino como las otras variantes, pero aun así, deja un circuito abierto en la relación.

Un tercer tipo de enojo que surge de heridas sin sanar es el *enojo crónico*. Cuando un circuito abierto no se cierra a tiempo, la herida y el enojo son, a menudo, empujados a un segundo plano e ignorados. Como permanece sin resolver, este enojo puede inflamarse una y otra vez. Las lesiones y el enojo enterrados generan una gran variedad de tensiones psicológicas y físicas que pueden arruinar la perspectiva de la vida de una persona y carcomer su alma. Las personas con enojo crónico son como cañones cargados, listos para disparar cuando, inconscientemente, alguien enciende la mecha.

Darlene es un ejemplo del enojo crónico en el matrimonio. Era una atractiva y menuda líder del equipo de animadoras de la escuela secundaria cuando comenzó a salir con Todd, el jugador estrella de fútbol americano. Todd, un defensor fuerte y muy competitivo, recibió una beca futbolística para una universidad cercana. La pareja se casó después del tercer año de universidad de Todd. Darlene no tenía idea de que el instinto implacable de Todd por ganar empañaría su vida juntos.

Al año y medio de casados, las acciones de Todd le hicieron saber a Darlene que no recibiría un no como respuesta cuando se trataba de las relaciones sexuales. Siempre que Darlene amablemente rechazaba sus avances románticos, Todd simplemente la dominaba hasta que obtenía lo que quería. Al principio, lo hacía parecer como un juego, pero él jugaba duramente como lo hacía en el campo. Si Darlene trataba de resistirse físicamente, terminaba herida. Así que aprendió a no resistirse pero bullía por dentro. Se sentía como una mujer sin valor y tratada sin respeto.

Darlene conocía sólo una palabra para lo que Todd le hacía: abuso. Pero no era algo que se atreviera a hablar con ninguna de sus amigas o con las señoras del grupo de estudio bíblico en la iglesia. Cada vez que Todd comenzaba con su rutina para tener relaciones sexuales, el dolor y el enojo se inflamaban en ella mientras se rendía ante su presión. Darlene asistía a cada retiro de la iglesia que hubiera y organizaba «salidas con las chicas» a la noche, para poder irse a dormir en compañía de sus amigas y evitar ir a la cama con Todd.

Durante diecisiete años ha desplazado su enojo crónico comiendo compulsivamente. Después de una mala noche, se dirige directamente al refrigerador en cuanto Todd se va al trabajo. La atractiva y menuda líder de animadoras de la escuela secundaria se ha hinchado llegando a pesar más de noventa kilos. Pero una o dos veces por semana el fantasma de su enojo sin resolver aparece otra vez y el ciclo continúa. Como cristiana, sabe que el divorcio no es lo correcto. Pero no está segura de cuánto tiempo más podrá soportar lo que le está sucediendo.

No hace falta que las ofensas y las heridas sean tan severas como las de Darlene para que el enojo crónico provoque daños importantes en tu matrimonio. No corras el riesgo. Aprende a cerrar el circuito rápidamente y a mantener tu matrimonio fuera del camino de la separación y el divorcio emocional.

¿Cómo respondes cuando tu enojo se enardece?

Tu tipo de personalidad y tu crianza son los principales encargados de dictar la manera en que respondes cuando las ofensas causan heridas y cuando las heridas encienden el enojo. Hemos reconocido cuatro tipos de personas y respuestas al enojo.

El autoprotector. A los autoprotectores les cuesta reconocer que han sido lastimados. Aquellos que tienden a ocultar su enojo actúan como si nada estuviera mal o dirigen su atención lejos de la ofensa. Para expresar el dolor es necesario ser vulnerable, así que niegan el dolor para protegerse a sí mismos y no ser vulnerables al dolor en el futuro.

Otros autoprotectores expresan su enojo de una manera agresiva u hostil en lugar de procesar la ofensa que creó la herida. Arremeten contra las personas porque descubrieron que el impacto ayuda a mantener a los demás a distancia, una vez más, para protegerse de la vulnerabilidad y del dolor consecuente.

En la relación matrimonial, un cónyuge autoprotector puede ocultar el enojo y volverse pasivo-agresivo o también puede dejarlo escapar con el propósito de evitar que su corazón se exponga a más dolor.

El explosivo. Algunas personas explotan con enojo porque es un arma poderosa. En un desacuerdo o conflicto, una persona explota y ataca a la otra. Cuando alguien explota con enojo, a la mayoría de las personas les resulta difícil responder. Tienden a retroceder debido a su inseguridad. El explosivo termina «ganando» la discusión, no porque su camino sea el mejor sino porque la otra persona se retrae y se rinde. Pero cuando un explosivo se encuentra con otro explosivo, la discusión puede intensificarse hasta convertirse en una pelea a gritos.

El conformista. Greg y Tanya ejemplifican otro grupo de personas que ocultan su enojo o le dan rienda suelta indistintamente. Greg es el que explota en el matrimonio y Tanya es la que aguanta. Ambos actúan de acuerdo con las lecciones que aprendieron de su cultura o de sus familias.

Greg actúa de acuerdo con el mito de la sociedad que dice que «los verdaderos hombres» son fuertes, independientes y nunca muestran sus sentimientos. Es lo que aprendió por ósmosis de su padre, hermanos y otros hombres en su vida. Este mensaje falso afirma que no es masculino que un hombre admita que ha sido herido. Habrás oído algunas de las siguientes máximas: «Los muchachos no lloran», «Que no te vean sufrir», y otras similares.

Tanya creció viendo a su madre reprimir su enojo, aun durante los continuos ataques verbales de su padre. La mamá creía que era su deber como cristiana conformarse con su esposo abusivo. Nunca desafió su autoridad aun cuando él no le consultaba decisiones financieras importantes.

De adultos, Greg y Tanya se encuentran interpretando los papeles para los cuales fueron entrenados por sus familias y su cultura. Y se preguntan por qué no pueden resolver las heridas y el enojo en su relación.

El negador. El cuarto tipo de persona que trata con el enojo es el negador. Amanda es un buen ejemplo. En lugar de expresar su dolor, va directamente a la etapa del enojo. El problema es que no reconoce cuándo está lastimada, por eso niega que haya un problema.

Amanda creció en un hogar con padres que discutían constantemente y con dos hermanos que siempre estaban peleando. El enojo era la única emoción que esta familia expresaba. Ninguno fue un ejemplo que le enseñara a Amanda cómo expresar de manera positiva el dolor. La mamá ocultaba su dolor. Los hermanos de Amanda se consideraban «verdaderos hombres», criados por un padre que sólo sabía demostrar el enojo de una manera hostil; entonces Amanda nunca vio que los hombres que formaron parte de su vida expresaran el dolor. Ella usaba el enojo para defender su lugar en un medio hostil donde el dolor nunca se expresó de manera legítima.

Ya adulta, desarrolló distintos patrones para liberar su enojo explosivo cuando quería.

Las demás personas se mantenían a distancia porque sus desahogos las alejaban. Amanda tuvo una serie de relaciones deshechas con los hombres. Cada vez que ocurría un conflicto, se volvía hostil y negaba que hubiera algún problema.

Cuando finalmente se casó con Judson, las explosiones comenzaron casi de inmediato. Cada conflicto terminaba en una explosión y una negación. «No sé cuál es tu problema, Judson, pero yo no tengo ninguno», insistía con enojo. Su enojo volátil ha sido una barrera significativa para la intimidad y la felicidad de ambos. Cuanto más niega su herida, ella y Judson se acercan más a la separación.

Cómo ocuparse de la herida y el enojo

A menos que tú y tu cónyuge aprendan a abrirse paso entre la herida y el enojo, se encontrarán en una montaña rusa de sentimientos que nunca reduce la velocidad. Es posible que al ocultar el enojo en algún rincón oscuro de tu corazón puedas eludir un conflicto por un tiempo, pero el enojo no se va. Es posible que al desahogar el enojo a través de un discurso violento, una discusión, gritos, llanto o golpeando puertas, puedas desahogarte un poco; pero no resolverá la raíz del problema y explotarás una y otra vez. Cuanto más tiempo permitas que continúe el ciclo de ocultar y explotar, más daño te harás a ti mismo y a tu cónyuge.

Si persistes en ocultar tu herida y tu enojo, esto te afectará de manera negativa en la mente, el cuerpo y el espíritu. Tu visión de la vida se empañará, tu esperanza por una felicidad más profunda en el matrimonio se desvanecerá y serás más susceptible a las enfermedades. El enojo sin resolver se transforma en amargura y resentimiento. Ves al mundo a través de un cristal distorsionado. Te endureces y te aíslas desarrollando síntomas físicos como dolores de cabeza, dolores musculares, colitis, úlceras, conductas compulsivas y un gran número de otros problemas. En el proceso, te separas de tu cónyuge y tambaleas hacia el precipicio del divorcio emocional y físico.

El desahogar tu enojo no da mejor resultado, pues de igual manera fomenta una actitud crítica, amarga y resentida. Y desahogar el enojo no es más sano que ocultarlo dentro de nosotros. Como el desahogo del enojo no resuelve los problemas, sólo te enojas más y te atrincheras en esta forma de destrucción. Mientras tanto, es probable que te distancies de aquellos que están más cerca de ti: tu cónyuge y tus hijos. Desahogar el enojo te debilita, te distancia de tu cónyuge al mantener el circuito abierto y le roba a tu matrimonio la alegría y la estabilidad.

Gran parte del dolor y del enojo que experimentas en tu relación matrimonial es resultado de conflictos sin resolver entre tú y tu cónyuge. Todo forma parte de circuitos abiertos, y cuanto más tiempo permanezcan abiertos los circuitos, mayor será la confusión en tu matrimonio.

Cerrar cada circuito tan pronto como sea posible es vital para proteger a tu matrimonio a prueba de divorcio. En la tercera parte de este libro, Barb y yo te enseñaremos las técnicas necesarias para resolver los conflictos, sanar las heridas que surgen entre ustedes y desarmar el enojo. Pero primero necesitamos exponer los caminos incorrectos para resolver el conflicto y el origen de esos mensajes contraproducentes.

4

¿Dónde aprendiste a resolver conflictos?

Kristen y Nicole bebían café en *Starbucks* durante su encuentro acostumbrado de los martes por la mañana.

—Brian me pone los pelos de punta —se quejó Kristen—. Nunca me habla y no sé como llegar a él.

—Vi algo al respecto en el programa del Dr. Phil hace unas semanas —contestó Nicole—, y el psicólogo dijo que lo resuelves si...

Durante veinte minutos, las palabras de enojo entre Wade y Kathleen se habían ido elevando a un tono cada vez más acalorado y pesado. Finalmente Kathleen dijo:

—No llegaremos a ninguna parte con esta discusión. Creo que necesitamos ayuda para resolver nuestras diferencias.

Wade asintió con la cabeza.

—Un muchacho del trabajo dijo que él y su esposa leyeron un libro sobre conflictos matrimoniales de un filósofo oriental. No es un libro cristiano precisamente, pero él afirma que los ayudó mucho.

—Tal vez deberíamos hacer el intento —sugirió Kathleen.

Bruce ya se había descargado con su mejor amigo, Rick. El tema era la esposa de Bruce, Tracy, y la cantidad de maneras que tenía para hacerlo enojar.

—Óyeme, Bruce —dijo Rick—, no puedes mantener tu enojo encerrado en tu interior. Cuando Tracy te vuelve loco, dile lo que piensas con total precisión. Tal vez le duela en el momento, pero lo superará. Soy tu amigo, Bruce. Confía en mí. Estuve escuchando a esa psiquiatra de la radio, ya sabes, la mujer que todos escuchan. Eso es lo que le dijo a uno que llamó el otro día.

Como estas escenas breves sugieren, todos saben algo acerca de cómo resolver los conflictos conyugales. Además, según parece, no hay escasez de información, instrucción y consejos a nuestro alcance sobre el tema. Te hayas dado cuenta o no, al día de tu boda llegaste con ciertas estrategias para solucionar conflictos que acumulaste en forma consciente o inconsciente mientras crecías y te preparabas para el matrimonio. Pero es probable que ya hayas descubierto que algunas de esas estrategias son casi tan eficientes como lo era el sangrado hace un par de siglos para curar enfermedades.

Muchos individuos y parejas se preguntan por qué es tan difícil resolver conflictos en sus matrimonios. Barb y yo creemos que es porque nunca han aprendido la manera correcta de hacerlo. Recibieron malos consejos de alguien, se dejaron guiar por ejemplos de modelos erróneos, leyeron libros que contenían más opiniones que verdades acerca del amor que perdona, o bien, absorbieron estrategias no productivas para manejar el conflicto, las heridas y el enojo en sus matrimonios. Y al aprender las cosas equivocadas, sus conflictos siguen sin resolver o se vuelven peores.

¿Dónde aprendiste lo que sabes para cerrar el circuito del conflicto? Hay dos fuentes primarias a través de las cuales la mayoría de las personas obtiene información y consejo acerca de estos temas: la cultura y la familia. Antes de que puedas aprender la manera correcta de sanar las heridas en tu matrimonio, debes darte cuenta de qué es lo que has hecho mal, debes identificar de dónde obtuviste esos modelos y debes determinar su erradicación.

Primero, te hablaré acerca de las influencias negativas que tiene nuestra cultura en la solución del conflicto. Más adelante, Barb se concentrará en la función que a veces juegan nuestras familias al impedir que cerremos el conflicto.

QUÉ NOS ENSEÑA NUESTRA CULTURA ACERCA DEL CONFLICTO

Hay distintas voces en nuestra cultura que nos hablan y que influyen la manera en la que pensamos acerca de los conflictos con nuestros cónyuges y sobre cómo deberíamos manejarlos. Pero ya que vivimos en una cultura sin Dios, que minimiza la verdad bíblica, debemos considerar que, por lo general, estos mensajes están en contra de la forma en la que Dios sana las heridas. A continuación, veremos algunas de las voces y lo que dicen.

Mensajes de los medios de comunicación

Un sábado por la mañana, le pedí a Barb que me acompañara a la librería para comprar algunas revistas. Quería tener los últimos rumores del mundo de la psicología popular acerca de cómo resolver los conflictos. Estábamos de buen humor cuando nos dirigíamos al negocio pero mientras recorría los contenidos de las páginas de quince o veinte revistas, descubrí que me estaba fastidiando un poco. Algunos de los artículos sobre las relaciones tenían ciertos títulos como:

- Por qué salgo con tu esposo.
- Durmiendo con el enemigo: Cómo luchar con el hombre que amas.
- Rescate de la relación en problemas: Cuando depende de ti.

- Chicas buenas, chicas malas.
- Buenas maneras para decir cosas malas.

Compré varias revistas y pasé los siguientes días leyéndolas. No me gustó lo que encontré. No hay duda de por qué tantas parejas luchan con heridas sin sanar. La psicología popular, como la publican los materiales impresos, está dando malos consejos. Aquí hay algunos ejemplos:

- De *Mademoiselle,* acerca del tema de cómo luchar con el hombre que amas: «No hay fiesta hasta que alguien rompe un vaso y no hay una relación hasta que no tienes una pelea. De hecho, una riña de amantes de vez en cuando, es una parte esencial de un romance exitoso. Es saludable. Trae limpieza emocional. Además, ¿realmente creíste que podrías tener todas esas relaciones sexuales aseguradas sin ningún costo? Claro que no... si juegas, pagas».[1]

- De *Cosmopolitan,* acerca del tema de cómo salvar la relación en problemas: «Para muchas, la única solución es comenzar de nuevo con un hombre más liberal. Pero de acuerdo con los expertos, en verdad tienes el poder de traer a la mesa de negociaciones a un hombre terco... Supera los impulsos de interpretar el papel de la «buena chica»... Gana y controla tu propio dinero, haz un reclamo sexual inesperado, vístete sensualmente pero hazlo para ti, gánate tu propio lugar y desarrolla tus propias peculiaridades».[2]

- De *Cosmopolitan,* ejemplos de buenas maneras para decir cosas malas a tu compañero: «"Sabes, Chloe", dije, "en realidad siempre me ha encantado la manera en la que tratas a la gente. Eres casi tan amable y considerada como Lady Macbeth en un «buen» día." Chloe no dijo nada pero sus ojos estaban tan abiertos y angustiados como los de Bambi. La cena estaba servida. Entonces llegó «su» turno. "Hay algo que he querido decirte, Peter", dijo ella.

"La manera en que te llenas la boca de comida se parece a la de un prisionero que recién ha sido liberado de la Isla del Diablo"».³

Cuanto más leía, peor era. Revista tras revista hacía eco del enfoque hedonista y egoísta de nuestra cultura acerca de las relaciones. Y encuentras el mismo mensaje en muchos libros de la sección de autoayuda de las librerías. Es algo que invade nuestra cultura. Aquí tienes algunos de los mensajes clave que nos bombardean:

- Cuídate del número uno.
- Si hay un problema en tu relación, márchate.
- Si la relación en la que estás no es satisfactoria, vete y busca otra.
- No hay reglas morales buenas o malas. Debes decidir lo que es bueno para ti.

Los materiales impresos son armas poderosas y convincentes de propaganda. Los libros y revistas de supuestas autoridades en el tema son las fuentes que millones de hombres y mujeres usan como guía para lidiar con sus heridas y conflictos en las relaciones. Sin embargo, en nuestra cultura, la televisión empequeñece la influencia de la página escrita. Es probable que hayas incorporado una serie de conceptos enfermizos para resolver conflictos de los programas televisivos que has visto durante años. Es muy llamativo que el drástico incremento en el porcentaje de divorcios en Estados Unidos desde 1960, esté directamente relacionado con la proliferación de los mensajes que nuestra cultura enseña acerca de los valores y de las relaciones a través del medio televisivo. Somos una cultura adicta a la pantalla. Hay estudios que documentan la asombrosa cantidad de horas que los niños, jóvenes y adultos pasan mirando televisión. Los programas y comerciales que absorbemos juegan un papel importante a la hora de determinar nuestra forma de pensar y nuestra conducta. Y cuando los programas que provienen de la pantalla están llenos de mensajes equivocados acerca de cómo relacionarse con la gente y resolver conflictos, ¿podemos sorprendernos, entonces, de que tantas personas entren al matrimonio con grandes vacíos en sus habilidades sociales y emocionales?

Tomen, por ejemplo uno de los temas principales de la televisión diurna: los programas de entrevistas. Para ser justos, algunos anfitriones, de vez en cuando, presentan formas saludables y útiles para sanar las relaciones. Pero estos programas son superados en número por otra gran cantidad que le dan al conflicto un aspecto sensacionalista y provocan discusiones frente a las cámaras (hasta riñas). Una dieta constante de programas de entrevistas, en especial de los numerosos programas de «entrevistas escandalosas», llenan la mente del espectador con imágenes y mensajes contraproducentes acerca de cómo resolver conflictos: Cuídate a ti mismo primero, devuelve el golpe cuando te lastiman, no perdones a tu cónyuge fácilmente, y sal de la relación cuando no congenies.

Si no puedes encontrar un programa de entrevistas para ver durante el día, seguramente puedes encontrar una telenovela. Pero el mensaje y los ejemplos acerca de la solución de conflictos son aun menos útiles en las telenovelas que en los programas de entrevistas. Mentiras, ataques por la espalda, infidelidad, odio y venganza entre cónyuges son la cuota del día. No mejora en el horario de mayor audiencia por la noche. Las comedias vacías tratan de hacernos reír de los conflictos, y los enérgicos dramas hacen que nos preguntemos si los productores de televisión saben algo acerca de las relaciones saludables. Cuando te alimentas con una dieta constante de televisión cada día y luego aparece el fantasma del conflicto con tu cónyuge a la hora de dormir, ¿con qué cuentas para resolverlo? ¿Permites que llegue al punto de transformarse en una pelea a gritos o algo peor como lo hacen las parejas de la televisión? ¿Sigues el consejo atolondrado de una celebridad o de un supuesto experto de los programas de entrevistas?

¿Lo tomas en broma como lo hacen en las comedias? ¿Estallas en cólera y buscas consuelo en otro hombre o mujer (en forma emocional, física o a través de pornografía) como hacen en los dramas diurnos y de mayor audiencia? Es probable que no actúes de acuerdo con todo lo que ves, pero las palabras y las imágenes que absorbes de la televisión pueden influir en tu respuesta al conflicto.

En la programación televisiva falta un elemento importante para sanar las heridas conyugales: Dios. A menos que estés mirando un canal cristiano (y aun así necesitas discernir qué programas religiosos ver) rara vez escucharás algo que se parezca a una solución bíblica saludable para el dolor del corazón humano. Barb y yo no estamos promoviendo que se haga una venta de garaje para deshacerse de los televisores. Pero te advertimos que la mayoría de lo que ves en televisión relacionado con la sanidad de las heridas conyugales está empapado de secularismo y del egocentrismo de la cultura actual.

Mensajes de las personas en las que confías

¿Te has dado cuenta de que cuando tú y tu cónyuge tienen un conflicto, a veces es más fácil hablar con otra persona acerca del tema? Todos necesitamos desahogar nuestros sentimientos, hablar de nuestras frustraciones y buscar consejo. Para eso están los amigos y la familia, y a menudo confiamos de manera incondicional en aquellos que amamos, considerando sus consejos como si fueran el evangelio.

El problema es que muchas de las personas en las que confiamos han crecido escuchando al igual que nosotros los mismos mensajes que esta cultura enseña para resolver las heridas conyugales. Pueden tener los mismos conflictos sin resolver en sus propios matrimonios. Y debido a que se preocupan por ti, estos amigos bien intencionados terminan repitiendo como loros los lemas culturales de autoprotección: vete, defiéndete, llama a un abogado, no lo mereces, cuídate o haz que pague.

La preocupación principal de tus amigos es que no te lastimen. Por eso es posible que te impulsen a tomar cierta distancia de tu cónyuge. Retroceder puede aliviar un tipo de dolor, pero evitar el conflicto constantemente lleva a la muerte del matrimonio, lo cual duele infinitamente más que ocuparse seriamente del conflicto. Si tus amigos u otros miembros de la familia te instan a que te des por vencido con tu cónyuge o a que salgas de la relación, es probable que piensen que es lo mejor para ti, pero los consejos que te dan no son sabios.

Otra fuente de consejos para resolver las heridas es un consejero profesional. Conozco este mundo, porque la terapia matrimonial y familiar es mi profesión; pero también conozco los peligros ocultos de la «orientación humanista», que es la que aprendimos la mayoría de los consejeros durante nuestro entrenamiento. Nos enseñan que los seres humanos son básicamente buenos y que cuando el consejero brinda una orientación positiva para el cambio, las personas buscarán lo bueno en ellos mismos y se volverán mejores dentro de sus posibilidades. Sólo necesitan mirar dentro de sí mismos y confiar en su bondad innata para resolver sus problemas. Si eso no funciona, sólo necesitan cambiar su conducta para lograr un cambio positivo. Me llevó cerca de tres semanas de práctica como consejero novato para comenzar a rechazar ese sistema de creencias.

Me preocupa profundamente el impacto que recibí cuando estudiaba. Como digo a menudo, cuanto más me alejo de mi entrenamiento creo que estoy mejor. No porque mis profesores fueran malas personas o educadores mediocres, ya que no eran ninguna de las dos cosas. El problema es que los consejos humanistas no alientan ni al paciente ni al terapeuta a centrarse en la fuente de cambio sanadora por excelencia: Jesucristo. Los consejeros seculares brindan terapia desde una perspectiva secular. Consideran que la idea de que las personas fueron creadas para tener una relación con un Dios viviente es parte del problema del paciente en lugar de ser la respuesta misma a nuestras necesidades más profundas en cuanto a las relaciones. Pero realizar una terapia sin Dios y sin la Biblia es como saltar en una cama elástica sin alguien que te cuide. No hay nadie allí para atajarte si te caes.

¿Pueden beneficiarse los cristianos con el consejo de alguien que no es creyente? Sí, en muy pocas ocasiones, siempre y cuando te des cuenta de que el enfoque y la visión del mundo que el consejero tiene para sanar pueden ser totalmente diferentes de los tuyos. Algunos de los métodos para resolver conflictos que enseñan los consejeros seculares son buenos, otros no. Un ingrediente que a menudo falta es el perdón. Como descubrirás en la tercera parte de este libro, desde la perspectiva bíblica, el perdón es un paso clave hacia la sanidad de las heridas. Y a menudo, el mundo secular ignora por completo este paso. Con esto en mente, es necesario que filtres el asesoramiento del consejero secular a través de tu sistema de creencias basado en la Biblia.

Lamentablemente, algunos consejeros cristianos son tan poco efectivos como sus colegas incrédulos. ¿Por qué? Porque a menudo, cuando quieren dar consejos desde una perspectiva cristiana, en realidad hacen poco énfasis en la orientación bíblica o espiritual. Es posible que necesites ir a varios consejeros antes de discernir, después de buscar lo que Dios tiene en su mente y en su corazón para ti, cuál de ellos en particular es el que más te conviene. Sé que este proceso puede ser desconcertante pero es mejor tener una serie de citas al comienzo con algunos consejeros que comprometerte a largo plazo para recibir consejos de alguien que no te guía a una restauración bíblica y saludable en tu relación.

Mensajes de la iglesia

Puede parecer difícil de creer, pero a veces la iglesia disemina información acerca de la sanidad de las heridas conyugales que está en desacuerdo con la enseñanza de la Biblia. Rara vez los líderes cristianos desvían a sus congregaciones intencionalmente. Es probable que enseñen lo que les han enseñado. Pero al ser estas voces las que llevan el peso de la autoridad, muchas personas suponen que lo que están escuchando es cien por ciento correcto. Toma, por ejemplo, el tema del liderazgo y la sumisión en el matrimonio. Muchos líderes cristianos, en especial los hombres, señalan la enseñanza de Pablo en Efesios 5:24 para apoyar la visión de que los hombres deberían dominar a sus esposas y que las esposas deberían someterse a sus decisiones en cualquier conflicto o diferencia de opinión. El versículo dice: «Así que las esposas deben obedecer en todo a sus esposos, así como la iglesia obedece a Cristo».

Un hombre al que sólo le interesa ejercer el control absoluto sobre su esposa, parará ahí. Rara vez continuará leyendo los seis versículos siguientes que nos ayudan a entender que el liderazgo no se basa en un esposo que domina a su esposa sino en uno que la sirve:

> Los esposos, por su parte, deben mostrar a sus esposas el mismo amor que Cristo mostró a su iglesia. Cristo murió para hacer de ella una iglesia santa y limpia (lavada en el bautismo y en la Palabra de Dios), y presentársela a sí mismo gloriosa, sin manchas, ni arrugas ni nada semejante, sino santa e inmaculada. Así deben amar los esposos a sus esposas, como partes de su cuerpo. Porque si la esposa y el esposo son uno, ¡el hombre que ama a su esposa se ama a sí mismo! Nadie aborrece su propio cuerpo; antes bien, lo sustenta y lo cuida con esmero. Cristo hace lo mismo con ese cuerpo suyo del que formamos parte, la iglesia. (Efesios 5:25-30)

Mi amigo Robert Lewis describe la diferencia entre un «líder dominante» y un «líder servicial» en su libro *Rocking the Roles*. Aquí está su descripción de un líder dominante:

> Al líder dominante le encanta dar órdenes. Es el jefe; debe tener el control. Toma todas las decisiones, todos los demás tienen que ejecutar sus directivas. Si alguno pone

en duda sus decisiones, los silencia con otra serie de mandatos. Eso sucede porque él no está interesado en preguntas, sugerencias o ideas mejores. Sólo le interesan los hechos, quiere que las cosas se hagan a su manera... El líder dominante se pone a la defensiva cuando su esposa lo desafía con sus propios pensamientos y visión. Ve todas las cosas desde la perspectiva de ganar o perder. No soporta estar equivocado y reconocer que su esposa tenga la razón. Por cierto, cuando está equivocado, no puede admitírselo. Entonces la obliga a seguirle la corriente y la manipula para que complazca sus deseos.[4]

Barb y yo hemos visto muchos matrimonios dañados por esposos que usaron su rol como cabeza del hogar para gobernar a sus esposas con puño de hierro. Esta visión, que no es bíblica, puede causar amargura por mucho tiempo y dañar la relación, así como perjudicar la relación de una esposa con Dios. Cuando enseño a los hombres acerca del liderazgo servicial, les hablo acerca de «excederse en el servicio» a sus esposas con el fin de darle honor a su relación. Excederse en el servicio significa que el hombre intencionalmente se pone por debajo de su esposa al amarla, honrarla y cuidarla con el corazón de un siervo. Cuando lo hace, su confianza en él crecerá y se sentirá segura para responderle y apoyarlo.

Cada uno de los mensajes de nuestra cultura es potente, persistente y persuasivo, pero por momentos, hay una voz más influyente que nos habla acerca de los conflictos conyugales y de cómo resolverlos. Barb nos hablará de los tipos de mensajes que recibimos de nuestras familias.

QUÉ NOS ENSEÑAN NUESTRAS FAMILIAS ACERCA DEL CONFLICTO

Para Gary y para mí, el hogar es el lugar en donde está el corazón. Cuando pensamos en nuestras familias de origen, recordamos el amor y la camaradería, las cenas en las fiestas, las celebraciones de cumpleaños, las vacaciones, los momentos en los que reímos y lloramos juntos. También recordamos a padres que tenían el compromiso de llevarse bien, de hablar (y de escuchar) y de resolver sus diferencias. Los padres de Gary estuvieron casados cincuenta y cuatro años antes de que el Señor se llevará a su padre, John. Mis padres han estado casados sesenta y dos años al momento de escribir este libro y todavía celebran un matrimonio que agrada a Dios. Al hablar del compromiso de permanecer en el matrimonio, Gary y yo hemos tenido la bendición de tener grandes modelos a seguir, no sólo de matrimonios que han recorrido un largo camino sino también de matrimonios plenos y llenos de alegría. En lo que se refiere al trato de los conflictos y las heridas en nuestra relación, nuestras familias fueron una influencia positiva y útil.

Lamentablemente, no todas las personas pueden decir esto de sus familias. Para muchos la sola mención de la familia o los padres enciende otros recuerdos: la ausencia, la pérdida o el dolor. Los conflictos y el dolor eran frecuentes en el hogar y el perdón y la sanidad no lo eran o estaban del todo ausentes. Estas personas han traído a su matrimonio lo que aprendieron en sus hogares. Por desgracia, no se dan cuenta de que están perpetuando los mismos problemas con sus propios cónyuges e hijos. Recién cuando terminan en la oficina de un consejero para resolver los problemas en su matrimonio, se disponen a examinarse a sí mismos para discernir por qué actúan de esa manera.

Probablemente te has dado cuenta de que hay personas que repiten modelos de conducta, buenos y malos, que aprendieron de sus padres. Una mujer refleja el perfeccionismo que alguna vez detestó de su madre. Un hombre encuentra desahogo en la furia y el control, tal como su padre lo hacía. Un muchacho trata de ganar la aprobación de un padre que al parecer nunca estuvo satisfecho ni con los más grandes logros y luego crece para hacerle las mismas demandas inalcanzables a sus propios hijos. De todas las parejas casadas a las que aconsejamos que tienen dificultades para resolver conflictos, la gran mayoría necesita entender los modelos enfermizos que aprendieron durante la infancia.

Cuando Gary y yo consideramos las diferencias en las familias y el impacto que acarrean en la solución de los conflictos, a menudo pensamos en una parábola que Jesús enseñó. Dice así:

> En su sermón, empleó muchos simbolismos que ilustraban sus puntos de vista. Por ejemplo, usó el siguiente:
> —Un agricultor salió a sembrar sus semillas en el campo, y mientras lo hacía, algunas cayeron en el camino, las aves vinieron y se las comieron. Otras cayeron sobre terreno pedregoso, donde la tierra no era muy profunda; las plantas nacieron pronto, pero a flor de tierra, y el sol ardiente las abrasó y se secaron, porque casi no tenían raíz. Otras cayeron entre espinos, y los espinos las ahogaron. Pero algunas cayeron en buena tierra y produjeron una cosecha de treinta, sesenta y hasta cien granos por semilla plantada. ¡El que tenga oídos, oiga! (Mateo 13:3-9).

En esta parábola, que ilustra cómo la condición de la tierra puede afectar el rendimiento de la cosecha, Jesús está hablando acerca de las diferencias entre los corazones humanos. Pero también creemos que las cuatro tierras pueden representar diferentes tipos de familias y cómo responden al conflicto. Me pregunto si tú reconocerás tu familia de origen o tu actual matrimonio y familia en una de estas cuatro descripciones.

La buena familia

¿Alguna vez dijiste lo siguiente acerca de un vecino?: «¡Los Anderson son tan buena gente! Son una pareja admirable y tienen una familia hermosa. Todos los aprecian».

Todos tenemos vecinos como los Anderson, ¿no es cierto? Son realmente gente agradable, la sal de la tierra. Tienen un buen estilo de vida y mantienen el césped corto y muy cuidado.

Tratan bien a sus hijos. Votan en cada día de elecciones. Hasta es probable que algunos asistan a la iglesia y sean personas de una buena moral. Además, siempre están dispuestos a prestar una herramienta de jardín a sus vecinos. A muchas parejas que son como los Anderson sólo les falta una cosa: no tienen una relación personal con Jesús.

Estos tipos de personas son la tierra apisonada en donde la semilla no puede echar raíz. Pueden haber escuchado el mensaje del evangelio, pero nunca dejaron que penetrara en sus corazones. Tampoco reconocen su necesidad de tener una relación con Jesús porque las voces de nuestra cultura ahogan la voz de la verdad, o la oyen y no les importa. Hacen oídos sordos a la verdad y deciden vivir sólo para sí mismos, desechando las «cosas de la iglesia» como una carga de la generación de sus padres o como algo promovido por un grupo de «fanáticos religiosos».

De todos los hogares, éste es quizás el más difícil de comprender, porque es probable que los miembros de la familia no se den cuenta de su necesidad. Tal vez tú o tu cónyuge crecieron con padres que fueron buenos con ustedes pero que no les brindaron un fundamento espiritual para la familia.

¿Cómo tratan el conflicto las «buenas» familias? Enseñan y ejemplifican lo que parece ser una estrategia saludable: lucha justamente, negocia y realiza concesiones para obtener lo que te pertenece. Suena bien hasta que miras las bases de esta filosofía. La llamamos la relación cincuenta y cincuenta. El mensaje que cada miembro de esta familia emite por medio de este acuerdo es: «Yo haré mi parte si tú haces la tuya». La vida se transforma en una cuestión de compensaciones y concesiones en la que los padres y los hijos llevan un registro de manera que ninguna persona obtenga o brinde más que el otro.

En este tipo de hogar, vemos una falta de servicio porque los miembros de la familia no tienen lugar para el amoroso y servicial Salvador. En cambio, vemos un fuerte énfasis de personas centradas en sí mismas tratando de obtener lo que merecen. Cuando los niños crecen, tienden a convertirse en adultos que se centran en sí mismos. Cuando dejan el hogar de sus padres para formar sus propios matrimonios, traen consigo estos valores, de manera que cuando tienen que resolver conflictos, buscan primero su propio bien. Se inclinan más hacia un estilo de matrimonio contractual, que se concentra en lo que *obtienen* y no en un estilo de matrimonio de pacto, que se concentra en lo que *dan*. No puede haber mucha sanidad si uno o ambos miembros del matrimonio están tan centrados en sí mismos.

La familia religiosa

Los Benson viven cerca de los Anderson. En muchos sentidos se parecen a sus vecinos, al menos por fuera. Los Benson son personas buenas y morales, pero también son creyentes. Creen en Dios, asisten a la iglesia y tratan de seguir los Diez Mandamientos. Sin embargo, no tienen una relación personal con Dios. El cristianismo para ellos es un ritual religioso. Representan la tierra con pedregales donde la semilla muere por falta de profundidad.

El hogar religioso es poco profundo y sin raíz. Su fe es una fe nociva. El cristianismo es un conjunto de reglas, un código para vivir. Los padres como estos nos recuerdan a los fariseos en el Nuevo Testamento. Eran personas religiosas que profesaban saber la verdad acerca de Dios pero todo en ellos era superficial. Su objetivo era obtener atención y aplausos, y Jesús se los reclamó.

Debido al énfasis en las reglas, los Benson viven de acuerdo con una estructura rígida de roles familiares. Papá lleva adelante a la familia con mano de hierro y exige respeto de su esposa e hijos. La consigna en un hogar religioso es «Haz lo que te dicen». La Biblia se usa como un garrote para cambiar conductas. Los conflictos se evitan por temor o «se arreglan» rápidamente y los niños acatan las sentencias de papá y mamá. Los padres autoritarios son severos y exigentes. Tal vez los niños acaten la disciplina por fuera, pero a menudo, sus espíritus están quebrantados por esta severidad, o en lo profundo desbordan de rebelión, esperando la oportunidad para escapar de la tiranía religiosa.

¿Cómo verán a Dios los hijos de los Benson cuando crezcan? Por lo general, lo verán como si estuviera esperando para atraparlos cuando hacen algo equivocado con el objeto de castigarlos. ¿Cómo verán a su padre? Es el zar de la familia, a cargo de todo y a quien nunca hay que hacerle preguntas. ¿Y su mamá? Puede parecer una mujer dócil y pasiva que conserva la calma para que no se sacuda el barco.

De adultos, estos hijos tendrán la tendencia a llevar a sus propios matrimonios uno de los tres modelos de comportamiento que veremos. Uno: es posible que se transformen en personas demasiado dóciles y que hagan lo que se supone que deben hacer por pura obligación. Cuando llega el momento de resolver los conflictos y sanar las heridas les interesa más mantener la paz que resolver los problemas. Dos: es posible que se rebelen contra Dios, contra la iglesia y contra las reglas. Los conflictos generalmente empeoran (en lugar de mejorar) en este ambiente. Tres: es posible que se vuelvan indiferentes a Dios y a sus cónyuges. Por lo tanto, a menudo no se resuelven los conflictos ni se sanan las heridas. ¿Hay esperanza para los que se han criado en la rigidez de un hogar legalista? Sin lugar a dudas. Estas personas pueden desarrollar una relación con Dios que esté libre de actitudes punitivas como las que experimentaron en la infancia. Pueden aprender que una fe saludable y equilibrada se centra en el Dios de la Biblia, no en la distorsión que otros han construido al poner a Dios en una caja y limitarlo a una serie de reglas. Y pueden desarrollar una sensibilidad hacia las ofensas en la relación matrimonial y la voluntad para sanarlas.

La familia herida

Los Carter viven a unas pocas cuadras de los Anderson y los Benson. No son lo que llamarías buena gente. Los padres son controladores y abusivos entre ellos y con los hijos. Éste es el tipo de tierra en donde cualquier cosa que tenga que ver con Dios o la bondad se asfixia por el enojo, el odio, el desprecio y la desconfianza. Los niños crecen sin sentir nunca la aceptación y el amor que Dios quiere que reciban.

Gary y yo a menudo nos referimos a los hijos adultos de hogares como los Carter como los «heridos ambulantes». Estas personas fueron heridas al crecer en hogares con serios problemas de relación. Algunos tienen las marcas emocionales (y a veces físicas) del alcohol y el abuso de drogas, del abuso emocional y físico o del abuso sexual en el hogar. Otros están heridos de maneras menos evidentes. Algunos fueron criados sin el amor y la educación que necesitaban porque sus padres estaban muy trastornados por sus propias heridas. Hay otros que fueron heridos por la pérdida de un padre a través de la muerte o del divorcio. Cualquiera que sea la raíz de su dolor, estas familias tienden a criar niños que llevan el dolor de los padres a la próxima generación.

Las personas heridas a menudo luchan a la hora de ocuparse de sus propios conflictos conyugales. Esto sucedió con Megan y Ben. Cada vez que comenzaban a discutir, Ben se enojaba y Megan corría a la habitación, diciéndole a Ben con el portazo que ella necesitaba algo de espacio. Mientras tanto, Ben quería resolver el asunto en el momento. Cuanto más se alejaba Megan, más exigía Ben que «arreglaran» el problema. Después de describirle la situación a Gary en una sesión de asesoramiento, Megan comentó: «Así son las cosas, Dr. Rosberg».

Gary preguntó: «Megan, ¿alguna vez sientes que estás repitiendo el mismo viejo modelo que viste mientras crecías?»

Después de un momento de silencio contemplativo, se corrigió a sí misma. «No, así eran las cosas mientras crecía».

Megan se había dado cuenta de repente de que estaba actuando exactamente igual que su mamá. El papá de Megan era alcohólico y tenía cambios de humor violentos. Cuando él y su esposa discutían, se enojaba, la insultaba y algunas veces la golpeaba. Con el tiempo, la madre de Megan aprendió que la mejor manera de evitar la violencia era dejarlo hacer lo que quería. Se rendía y hacía todo lo posible para complacerlo. Megan estaba siguiendo el mismo modelo, rindiéndose ante Ben a la primera insinuación de enojo. Sabía que su conducta impedía sanar su relación con él, pero no sabía qué hacer hasta que descubrió que estaba imitando el modelo que había visto en su familia herida. Una vez que hizo esa conexión, Gary pudo ayudarla a desarrollar otras maneras para resolver sus conflictos con Ben en lugar de retirarse.

Si provienes de una familia herida, te ofrecemos la misma esperanza. Nunca es tarde para aprender maneras efectivas para resolver los conflictos en tu matrimonio.

La familia bíblica

Los Duncan representan el hogar bíblico. Viven en el mismo vecindario que los Benson, los Anderson y los Carter. ¿Qué los hace diferentes? Tienen problemas y conflictos como las otras tres parejas. Pero como la buena tierra de la parábola, sus corazones fértiles permitieron que la verdad de la Palabra de Dios echara raíz. Por eso están mejor equipados para apropiarse de la sanidad de Dios para las heridas en su familia. En lugar de dejar que los conflictos abran una brecha entre ellos, permiten que esas dificultades los unan para sanidad y crecimiento. A continuación veremos cómo es un conflicto típico en la casa de los Duncan. ¿Se parece en algo a los de la familia en que creciste? ¿Se parece en algo a los de tu familia en la actualidad?

—Erin, comes el espagueti como un cerdo —gruñó Rachel a su hermana que estaba al otro lado de la mesa.

—Papá, ¿escuchaste lo que me dijo Rachel? —llorisqueó Erin—. ¡Me dijo cerdo!

Luego tomó su plato y se fue dando fuertes pisadas a la sala familiar para terminar la cena sola.

—Rachel, ¿por qué dijiste eso? —preguntó papá—. Sabes que Erin es sensible a esos comentarios. Acaba de arruinarse una cena agradable y bastante calmada.

—Pero, papá, ¿no viste como sorbía el espagueti haciendo ruido? ¡Tenía la cara casi en el plato! La manera en la que come es atroz.

Cuando papá y mamá entraron en la sala familiar se dieron cuenta de que Erin estaba herida por el ataque de su hermana mayor y la indiferencia aparente de sus padres. Sabían que se había abierto un circuito y que necesitaban hablar al respecto en familia. Así que llamaron a Rachel.

Mientras hablaban del tema juntos, el verdadero problema salió a la luz. Mamá y papá descubrieron que Erin se sentía acomplejada por su peso, interpretando el comentario de Rachel como «Tú comes tanto como un cerdo *gordo*». Cuando Rachel percibió que sus palabras habían herido profundamente a su hermana, se dio cuenta de que la herida era profunda, nunca había tenido la intención de herirla así. Se disculpó y explicó que se estaba refiriendo a la manera en la que Erin comía y no a su peso. Erin perdonó a su hermana. Hablaron y se escucharon mutuamente, el conflicto se disipó.

—Chicas —agregó mamá—, ¿ven cómo pueden herirse con las palabras? Todos tenemos que ser cuidadosos cuando nos hablamos. También es bueno que lo recordemos papá y yo porque algunas veces actuamos bruscamente cuando hay complicaciones.

Durante los siguientes minutos los Duncan experimentaron el perdón genuino y la sanidad en sus relaciones.

Si creciste en una familia como la de los Duncan, has experimentado parte del modelo bíblico para sanar las heridas en tu matrimonio y tu familia. Pero si tus padres no fueron como papá y mamá Duncan, puedes aprender a resolver conflictos si reconoces la necesidad de la presencia del Dios viviente que nos ayuda a sanarnos de adentro hacia fuera. Y no estás confinado a los modelos que aprendiste de nuestra cultura y de tu familia, como Gary te explicará en la próxima sección.

QUÉ HACER CON LO QUE APRENDISTE

Ya hace muchos años que Barb y yo escuchamos una letanía de quejas familiares de esposos y esposas que comenzaron sus matrimonios influenciados negativamente por nuestra cultura y sus familias de origen. Al hablar de sus propios matrimonios y heridas dicen por ejemplo: «Sencillamente no sé cómo hacerlo de la manera correcta», «Crecí en un hogar disfuncional, así que no sé lo que es normal», «Nunca nadie me enseñó a manejar los conflictos», «El ejemplo de mis padres está tan arraigado en mí que nunca seré capaz de cambiar».

Tal vez sientas la misma desesperanza, la misma incapacidad para el cambio. Tal vez te sientas destinado a vivir con los mismos modelos ineficaces en tu propio matrimonio. Pero es como darse por vencido con un jardín porque la tierra está muy dura, muy pedregosa o está plagado de maleza. ¿Alguna vez oíste hablar del pico, de la pala, de la azada, de las mejoras para la tierra y de un poco de esfuerzo? De la misma manera en que puedes cambiar las condiciones de la tierra, puedes olvidarte de los malos modelos para resolver conflictos y aprender otros nuevos. Nunca es tarde para aprender e implementar los principios bíblicos del amor que perdona.

Es nuestra responsabilidad dada por Dios cultivar la buena tierra en nuestra relación matrimonial para que nuestros hijos y nietos tengan modelos bíblicos que imitar en sus matrimonios. El salmista escribió: «Porque Él [Dios] dio a Israel sus leyes, y ordenó a nuestros padres que las enseñaran a sus hijos, para que éstos a su vez las enseñaran a sus hijos. De este modo se transmiten de generación en generación sus leyes. Así, cada generación ha podido obedecer sus leyes y poner nuevamente su esperanza en Dios y no olvidarse de sus gloriosos milagros» (Salmo 78:5-7). Al proteger a tu matrimonio a prueba de divorcio por medio del amor que perdona, ayudarás a que tus hijos protejan a sus matrimonios a prueba de divorcio.

Por lo tanto, ¿qué estás haciendo para cambiar los modelos que aprendiste? ¿Qué estás haciendo para que tu matrimonio sea diferente del de tus padres? ¿Cómo puedes legar a tus hijos una herencia familiar más bíblica y positiva que la que recibiste de tu familia? Puedes ver esta responsabilidad de dos maneras. Puedes pensar que es una carga tremenda y mucho esfuerzo, o lo puedes recibir como una oportunidad para transmitirles a tus hijos algo que a ti no te transmitieron. Aun si no creciste en un hogar saludable, puedes comprometerte a desarrollar modelos saludables para resolver los conflictos.

La familia de la que provienes es importante, pero no tan importante como la familia que dejarás como legado. Identifica las barreras de tu familia de origen que impiden la comunicación y la solución saludable de los conflictos. Trata de comprender todo lo que puedas de tu pasado, ocúpate del dolor emocional que te causa y avanza para desarrollar nuevos modelos que incluyan la confesión y el perdón de las ofensas y la sanidad de las heridas. Cuando dejes atrás el pasado y comiences a crear un presente más positivo, bendecirás a la próxima generación. De una manera u otra, dejarás tus huellas por todas partes en la personalidad y el corazón de tus hijos. ¿Dejarás como legado una generación que alcance al mundo para Cristo o te rendirás ante la tarea sobrecogedora y los dejarás ir por sus propios caminos?

Cuando nuestra hija mayor, Sarah, nació en 1978, leí en el diario que podía calcular un gasto de 80.000 dólares por cuatro años de educación universitaria para cuando ella creciera. Casi me ahogo con el cereal del desayuno esa mañana. ¡Ochenta mil dólares! En ese entonces, yo ganaba cerca de 12.000 dólares al año como agente de libertad vigilada. Pero comenzamos a ahorrar y de alguna manera los gastos de la universidad de Sarah se cubrieron.

Tal vez también tengas un plan para la educación de tu hijo. ¿Pero qué estás haciendo para darles a tus hijos la capacitación y las habilidades espirituales que necesitan para la vida y para el matrimonio? ¿Qué tipo de herencia piadosa les estás dejando? La clave se encuentra en establecer un hogar que honre a Dios, un hogar en el que se aliente a cada individuo a desarrollar una relación con Jesús, un hogar en el que las personas cometan errores y puedan fallarse el uno al otro pero reconozcan que tienen el poder, en Dios, de ser transformados. El conflicto en tu matrimonio es inevitable, pero no estás atrapado en los modelos disfuncionales para resolver conflictos que aprendiste de tus padres o del mundo a tu alrededor. Si creciste en una situación dolorosa, te enseñaremos a romper con tus conductas negativas y a comenzar un nuevo modelo para resolver conflictos. En la segunda y la tercera parte de este libro, Barb y yo te brindaremos una opción viable para responder ante los circuitos abiertos del conflicto, el enojo y la herida. Cada vez que descubras un circuito abierto de conflicto, primero tienes que tomar una decisión acerca de cómo responderás ante él. En la segunda parte veremos juntos las distintas opciones.

SEGUNDA PARTE

LA BIFURCACIÓN
EN EL CAMINO

5

¿Cuál es tu modelo para resolver conflictos?

Es un hermoso día de primavera, ese tipo de días que te llaman a dejar lo que estás haciendo adentro para dirigirte al exterior. En un día así, puedes hacer algo que Barb y yo disfrutamos: salir de caminata por el bosque. Mientras recorres el sendero, escuchas el gorjeo de las aves y ves a dos ardillas que se persiguen la una a la otra. Con cuidado, esquivas en el camino los surcos que quedaron de la nieve y el hielo del invierno. No puedes evitar tararear una alegre melodía al ver los rayos del sol que atraviesan los árboles y danzan entre las hojas a tu alrededor.

Luego llegas a una bifurcación inesperada en el camino. Es el momento de tomar una decisión. A tu izquierda hay un camino pavimentado y muy transitado. Parece que todos están allí: los corredores, los caminantes, los patinadores y los ciclistas. Debe ser el camino popular a seguir aunque está atestado de tráfico. A la derecha, hay un camino angosto que serpentea por el bosque, cubierto por hojas esparcidas, iluminado por la luz del sol. No ves a nadie más en el camino, pero te invita, como si la luz te mostrara el camino. ¿Por cuál de los dos debes ir?

Hay muchas bifurcaciones en el camino de la vida cotidiana. A veces, ni siquiera vemos la intersección. Apenas si bajamos la cabeza y nos abalanzamos hacia el camino más recorrido. Otras veces, aminoramos la marcha y nos preguntamos qué camino queremos seguir. En otras oportunidades, nos detenemos por completo y nos hacemos la difícil pregunta: ¿Qué camino realmente *necesito* seguir?

Cada vez que abres un circuito de conflicto en tu matrimonio, ya sea por una discusión importante o sólo por una diferencia de opiniones, te encuentras frente a una bifurcación en el camino. Una vez que una ofensa conduce a una herida y el dolor se convierte en enojo te enfrentas a dos opciones.

Puedes (1) decidir resolver el conflicto y cerrar el circuito o (2) decidir no resolver el conflicto y dejar el circuito abierto (ver el diagrama en la figura 4).

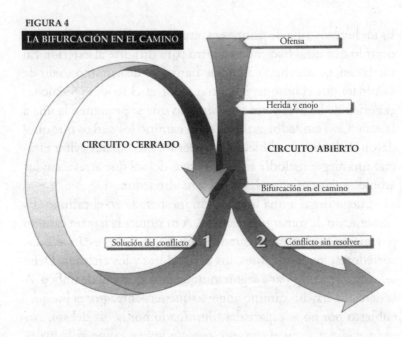

FIGURA 4
LA BIFURCACIÓN EN EL CAMINO

Ofensa
Herida y enojo
CIRCUITO CERRADO
CIRCUITO ABIERTO
Bifurcación en el camino
Solución del conflicto — 1
2 — Conflicto sin resolver

Tal vez llegues a esta bifurcación en el camino con tu cónyuge varias veces a la semana o al día. Algunas de las siguientes situaciones pueden refrescarte la memoria:

- Están en el almacén eligiendo pintura nueva para el dormitorio. Cuando con toda tranquilidad tu cónyuge le dice al empleado que tú vas a pintar, te pones tenso. Nunca te ofreciste para la tarea. Además, ya tienes una lista de e proyectos domésticos que te mantendrán ocupado durante los próximos diez fines de semana. Cuanto más piensas en el comentario de tu cónyuge, más te enojas.

- No fue más que una simple frase, pero te diste cuenta de que tu cónyuge estaba herido al decir: «Hace más de un mes que no salimos juntos los dos solos».

- Resulta que tú eres el que abre el sobre que contiene el estado de cuenta de la tarjeta de crédito este mes y lo que descubres te irrita. Tu cónyuge hizo dos compras costosas el mes pasado que estaban fuera del presupuesto que habían acordado. Peor aun, nunca te consultó antes de hacerlas.

- Buscas por toda la casa tus viejas y cómodas pantuflas favoritas. Cuando preguntas por ellas, tu cónyuge dice: «Ah, ¿esas cosas viejas y raídas? Las tiré a la basura la semana pasada».

- Durante la tarde, tu cónyuge insinuó que quería hacer el amor esta noche. No estás de humor, pero en lugar de decir algo, te deslizas en la cama media hora antes y finges que estás dormido cuando llega tu cónyuge. Puedes oír el suspiro de desilusión del otro lado de la cama.

En conflictos como estos y tantos otros que enfrentas, debes tomar una decisión. ¿Seguirás tu inclinación natural en la situación —que probablemente sea ignorar o demorar el cierre del circuito— o confiarás en Dios y te harás responsable para procurar la solución del conflicto? Recuerda que en esta situación podemos aplicar el viejo axioma que dice: No decidir es decidir. Si *no* decides cerrar el circuito, decides *no* resolver el conflicto.

En estos tres capítulos Barb y yo queremos hablarte acerca de esta importante bifurcación en el camino y de por qué puede ser difícil para ti tomar la decisión correcta de resolver el conflicto y sanar las heridas que conlleva. En este capítulo te ayudaremos a entender cómo tu estilo actual de respuesta a los conflictos, en verdad puede ser un obstáculo para tus esfuerzos por cerrar el circuito.

TU ESTILO PARA RESOLVER CONFLICTOS

Cerrar el circuito en los conflictos conyugales nunca es fácil o sencillo. Una de las razones es que cada uno de nosotros tiende a reaccionar ante la herida y el enojo de una manera determinada entre los diferentes estilos que existen. Como dijimos en el capítulo 4, es probable que tu estilo para abordar conflictos sea el producto de lo que aprendiste en tu familia de origen y lo que adquiriste de la cultura. En el mejor de los casos, estas fuentes son imperfectas, por lo tanto, hasta cierto punto, tu estilo también lo es. Así que aun cuando decides resolver el conflicto, es probable que tu enfoque no sea tan efectivo como quisieras.

¿Cuál es tu estilo? El siguiente ejercicio te ayudará a identificar tu estilo particular para resolver conflictos con tu cónyuge. Complétalo teniendo a tu cónyuge en mente. Si lo deseas, puedes repetir el ejercicio con otra relación en mente como la relación con un hijo o con un padre. Tal vez descubras que tu estilo para resolver conflictos es distinto con diferentes personas.

Perfil de Conflicto-Solución

Debajo encontrarás cinco cuadros, cada uno con una letra arriba: F, M, Ra, Ro y D. (Ver el cuadro en la figura 5.) Más adelante en el capítulo, explicaremos el significado de estas letras. En cada cuadro, encierra en un círculo la palabra que describe cómo respondes *siempre* al conflicto con tu cónyuge.

F

Competitivo	Dominante	Decidido
Controlador	Enérgico	Estricto
Resuelto	Inflexible	Se hace cargo
Exigente	Necesita ganar	Valora más las tareas que las personas
Directo	Autoritario	

M

Regateador	Motivador	Busca aprobación
Transigente	Optimista	Busca compensaciones
Entusiasta	Persuasivo	Sutil
Impulsivo	Fomentador	Valora más las personas que las tareas
Influyente	Arriesgado	

Ra

Agradable	Leal	Busca aceptación
Afectuoso	Maternal o paternal	Sensible
Precavido	Paciente	Brinda apoyo
Desea seguridad	Pacificador	Valora más las tareas que las personas
Armonioso		

Ro

Pasivo	Sistematizado	Lógico
Analítico	Crítico	Previsible
Esquivo	Detallista	Rígido
Extremista	Se frustra con facilidad	Evasivo
	Impasible	Valora más las tareas que las personas

D

Acomodaticio	Flexible	Resuelve tensiones
Creativo	Sabe escuchar	Respetuoso
Diplomático	Mediador	Busca el consenso
Explora opciones	Soluciona problemas	Busca soluciones
Facilitador	Reflexivo	

Cuando hayas terminado de encerrar en círculos las palabras, cuenta el número de palabras que encerraste en el cuadro F, duplica ese número y registra el total en el espacio F que está debajo. Por ejemplo, si encerraste tres palabras en el cuadro F registrarás un número 6 en el espacio F. Repite este procedimiento con los otros cuatro cuadros.

F:___   M:___   Ra:___   Ro:___   D:___

Luego, marca esos cinco números en la cuadrícula que está abajo. (Ver el cuadro en la figura 6.) Por ejemplo, si registraste 14 en el espacio Ra, marca un punto en la línea Ra al lado del número 14. Si registraste 18 en el espacio D, marca un punto en la línea D entre el 14 y el 21. Continúa hasta que tengas un punto en cada una de las líneas verticales.

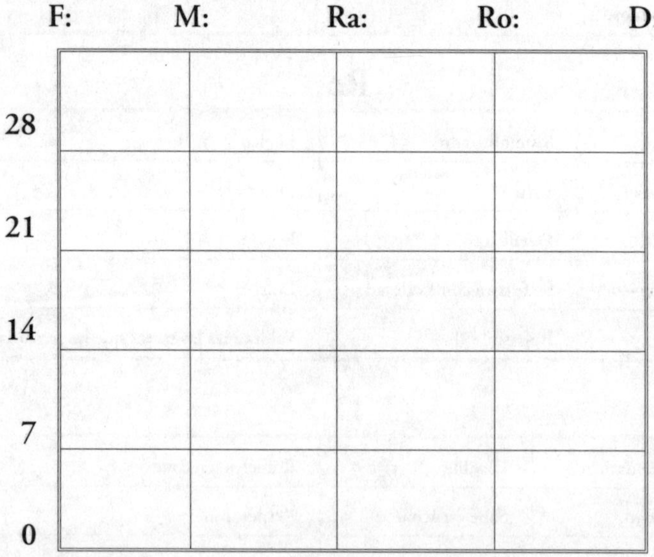

	F:	M:	Ra:	Ro:	D:
28					
21					
14					
7					
0					

FIGURA 6

Ahora une los puntos para crear un gráfico: tu perfil de conflicto-solución. El pico más alto en tu gráfico indica tu estilo predominante para la solución de los conflictos. El segundo pico más alto sugiere tu segundo estilo más predominante, y así sucesivamente. Para poder interpretarlos, Barb y yo vamos a usar un programa de TV que se transmite en todo el país para presentarte los cinco estilos comunes para resolver conflictos.

CINCO ESTILOS COMUNES PARA RESOLVER CONFLICTOS

A Gary y a mí nos encanta llegar a casa después de nuestro programa radial diario, hacer una buena cena y ponernos cómodos para mirar *Everybody Loves Raymond*. Aunque no recomendamos este programa para los niños, creemos que los cinco personajes principales representan cinco maneras distintas en que las personas enfrentan los conflictos. Generalmente el conflicto no es un tema feliz, pero nos encontramos riendo por las maneras en que estos personajes se relacionan cuando vuelan las chispas en su familia.

Casi todos los episodios de *Everybody Loves Raymond* se centran en el conflicto. Marie, la madre de Raymond, está siempre tratando de salirse con la suya, manipulando al resto de la familia. Frank, el padre de Raymond, se la pasa refunfuñando y gritando, tratando de mantener a Marie bajo control.

Raymond, su hijo y el protagonista del programa, siempre trata de mantener la paz en la familia. Raymond se encuentra en constante confusión al dividirse entre su lealtad y amor hacia sus padres y sus intentos de convencer a su esposa, Debra, de que él sí puede hacerle frente a su familia.

El hermano mayor de Raymond, Robert, vacila entre tratar de eclipsar a Raymond, el hijo favorito, y hacer lo que sea para poder mantener la paz, aun si esto significa rendirse ante los deseos de los demás. A veces, está agradecido de no ser Raymond, que se encuentra atrapado en medio de la familia, y en otras ocasiones desearía recibir la misma atención que su hermano.

Cada uno de estos personajes ficticios representa un estilo diferente para resolver conflictos. Corresponden a las primeras cuatro letras en nuestro perfil de conflicto-solución: La *F* corresponde a Frank, la *M* a Marie, *Ra* a Raymond y *Ro* a Robert. Consideraremos el estilo *D* más adelante en este capítulo.

El estilo de Frank: Ganar

Una de las frases más comunes de Frank es: «Marie, tráeme un sándwich». Le encanta decir cosas ingeniosas y siempre se siente frustrado con Marie y por todas las tonterías en las que su esposa y sus hijos se enredan. Rezonga, hace escándalos y hecha humo tratando de mostrarle a Marie que él es el jefe, y tratando de salirse con la suya. A veces, le da resultado.

Las personas que usan este estilo van a un conflicto conyugal con algo en mente: ganar. Tienen una gran necesidad de controlar a las personas y las situaciones. La idea es hacer uso de todos los recursos posibles para controlar a otros, asegurándose de que todas las cosas marchen a su manera y las personas hagan lo que ellas quieren. Ésta no es la forma más saludable de sanar la herida y el enojo en el matrimonio. Estas personas rara vez ponen mayor énfasis en la relación en sí porque están demasiado concentradas en el asunto en cuestión, asegurándose de que no les toque la peor parte.

¿Alguna vez es preferible el estilo ganador? Sí, funciona bien en situaciones difíciles cuando es necesario que haya un responsable y que se haga el trabajo rápidamente. En ciertas ocasiones no puedes darte el lujo de tener el aporte de otros, aunque haya mucha resistencia contra este tipo de decisiones.

El estilo de Marie: Persuadir

«Raymond, ¿quieres comer algo? Sé que vienes todo el tiempo porque Debra no sabe cocinar. Ya que estás aquí, te digo que se equivoca en la manera en que maneja a mis nietos». ¿No puedes escuchar la voz melodiosa y zalamera de Marie? Sabe exactamente cómo arquear una ceja, cómo poner a Raymond en contra de Debra, cómo apelar a cualquiera de los hijos que esté a su favor en ese momento y hasta cómo dispararle un comentario punzante a Frank cuando tiene la oportunidad. Domina la persuasión y engatusa a su esposo en un momento y luego le da un golpe doble para obtener lo que ella quiere. Marie representa otro estilo dentro del perfil de conflicto-solución que es poco saludable en un matrimonio. Los persuasivos son a veces manipuladores y se aprovechan de todos los ángulos para ganar ventaja. También tienen una gran necesidad de controlar a sus cónyuges. Si lo vemos desde el lado positivo, los persuasivos se relacionan mejor en medio del conflicto, ya que razonan en lugar de dominar a las personas y alejarlas (como lo hace el estilo de Frank.) Al manipular a las personas, los persuasivos pueden salirse con la suya a corto plazo, pero a la larga sus «víctimas» se ofenderán con ellos. Esta manipulación y el subsiguiente resentimiento dañan seriamente la relación.

El estilo de Raymond: Ceder

Ya conoces a Raymond, interpretado por Ray Romano ¡Qué gran tipo! Muchos nos identificamos con él, cuando por momentos sentimos que simplemente no podemos ganar. Quiere conectarse son su hermano, Robert, pero sabe que le tiene envidia y que a veces lo desprecia por considerarlo el hijo favorito. Raymond ama a su ruidosa y manipuladora madre y a su esposa, Debra, y está siempre tratando de mantener la paz entre ellas. Además, siempre trata de hacer cuanto puede para obtener la aprobación de su padre. Raymond representa ese lado de todos nosotros al que le gusta mantener la paz en medio del conflicto. Como casi siempre se encuentra en el medio, siente que no puede ganar.

Los Raymonds son los que complacen. Dejan de lado sus propias necesidades y valoran la relación por encima de todas las cosas. No les interesa controlar a sus cónyuges, lo cual es saludable en la mayoría de las relaciones. En el conflicto, en cambio, tienden a ceder y a hacer lo que quieren sus cónyuges. Al enterrar sus propios conflictos constantemente, estas personas corren el riesgo de acumular resentimiento bajo la superficie. Tal vez sienten que sus cónyuges se aprovechan de ellos, pero no logran reunir la fuerza suficiente para hacerles frente.

¿Alguna vez es útil este estilo? Por supuesto, en especial cuando no le das mucho valor a los resultados. Es necesario que elijamos nuestras batallas con cuidado, que nos demos cuenta de que a veces es más importante la relación que el tema en cuestión.

El estilo de Robert: Evitar

Robert, el hermano de Raymond, siempre quiere que todos se calmen y se relajen. Probablemente describiría a Frank como un precipitado, a Marie como la agitadora y a Raymond como el que cede ante todos. Pero Robert preferiría sentarse, comer un sándwich y una porción de torta (que probablemente era para Raymond) y disfrutar de una noche tranquila y sin problemas. Sin embargo, con las personalidades fuertes de Frank y Marie, Robert disfruta muy poco de una vida tranquila.

El estilo de Robert prefiere evitar el conflicto en el matrimonio y las relaciones familiares. Una siesta parece ser la manera más segura de tratar con los problemas interpersonales. Entonces, cuando aparece el fantasma del conflicto, es probable que los cónyuges evasivos abandonen la habitación, se cierren y no se comuniquen, cambien de tema o se desconecten emocionalmente. Tienen poca necesidad de controlar. Sin embargo, evitar las situaciones de conflicto por completo no es saludable porque le da muy poca prioridad a la relación.

¿Hay algún beneficio en la actitud evasiva? Sí, en especial si tratas con alguno de personalidad fuerte. Si alguien como Frank intenta oprimirte, «hacerte el Robert» puede darte un poco de tiempo para pensar en cómo actuar. Pero debes estar dispuesto a subirte al ruedo en algún momento y resolver el conflicto, resistiendo la inercia que a veces acompaña a la actitud evasiva. Por desgracia, muchos evasivos nunca vuelven a intentarlo. Si siempre te alejas de los conflictos, se te puede endurecer el corazón y los conflictos pueden permanecer enterrados por años.

Si observas con detenimiento estos cuatro estilos, verás que todos tienen sus desventajas. (Ver el cuadro en la figura 7.) Date cuenta de que:

El *estilo del ganador* da mucha prioridad al control y poca prioridad a la relación. Esta persona probablemente se llevará por delante a su cónyuge en un conflicto.

El *estilo del persuasivo* da mucha prioridad a la relación pero también tiene una puntuación alta en la necesidad de control. Este cónyuge usará de su encanto y manipulación para obtener lo que desea en un conflicto.

El *estilo del que cede* valora mucho la relación pero le da poca prioridad al control. En el conflicto, esta persona generalmente cede ante su cónyuge y se convierte en un cero a la izquierda.

El *estilo del evasivo* no le da demasiada importancia ni a la relación ni al control. Este cónyuge siempre está buscando la manera de evitar afrontar los conflictos conyugales.

FIGURA 7

El estilo de Debra: Resolución

Hemos dejado a propósito uno de los principales personajes para este momento. La esposa de Raymond, Debra, ejemplifica el enfoque más efectivo hacia el conflicto en las relaciones: trabajar en pro de la solución. Debra no es perfecta. Por momentos cede ante los comentarios punzantes de Marie al igual que Raymond. Después de todo, no es más que humana, y cuando su suegra trata de controlarla una y otra vez, a veces cede. Pero aun así, la mayor parte del tiempo está en medio de todo tratando de resolver los conflictos que se encienden a su alrededor.

Trata de abrirse camino en todas las jugadas luchando por la franqueza y la honestidad en la familia. En general, sabe cómo resolver los conflictos entre sus relaciones. Cuando Raymond y Robert se comportan como adolescentes, se planta con firmeza y madurez para reafirmar la importancia de valorar la relación cuando confrontamos un problema. Aun cuando Marie la vuelve loca, puede acercarse a ella (a veces de mala gana) y convencerla, al ayudarle a ver las cosas en perspectiva. Hasta puede ganarse a Frank, el malhumorado cascarrabias.

Debra ejerce el equilibrio justo entre una necesidad de control saludable y en darle una prioridad saludable a las relaciones. No trata de ganar ni de evadir. No persuade ni cede. En general, enfrenta los problemas de una forma afectuosa que a menudo abre la puerta para llegar a resolver los conflictos y para que haya un final feliz. En la tercera parte de este libro, Gary y yo te enseñaremos una estrategia para resolver los conflictos y sanar las heridas en tu matrimonio, una estrategia de la cual Debra estaría orgullosa.

Cuando miras hacia atrás a los conflictos que has experimentado en tu matrimonio, ¿qué estilo has empleado la mayor parte del tiempo? ¿Coincide con los resultados de tu perfil de conflicto-solución de este capítulo? Si eres como la mayoría de las personas, no siempre has resuelto los conflictos conyugales de la manera más saludable.

Probablemente has llegado a muchas bifurcaciones en el camino durante los conflictos con tu cónyuge. Es probable que sepas cuál camino deberías tomar y aun así te resulte difícil comenzar a avanzar en la dirección correcta. Enfrentas varios obstáculos para dar pasos positivos y sanadores en una situación de conflicto. Gary y yo nos referimos a estos obstáculos como «luces rojas» en la bifurcación del camino. Hablaremos al respecto en el próximo capítulo.

6

Luces rojas en el camino hacia la sanidad

Llegas a casa después de un largo día. En lugar de saludarte cálidamente como es normal, tu cónyuge está frío y distante. Algo anda mal entre ustedes y tienes una idea de lo que puede ser. Hubo un intercambio de palabras y un choque menor de opiniones en el desayuno. Ambos tuvieron que partir para el trabajo antes de que tuvieran tiempo de hablar abiertamente. En el apuro del día te olvidaste de ese intercambio. Pero ahora tienes plena conciencia de que tu compañero no lo ha olvidado.

Sabes que debes sacar a la luz el problema y resolverlo. Pero no tomas la iniciativa y tu cónyuge tampoco. En cambio, los dos hablan con los niños acerca de cosas superficiales durante la cena y luego se mantienen ocupados en otros proyectos para no tener que hablar. Aun el beso de buenas noches es más frío de lo normal.

Siguen despiertos en la oscuridad porque en su interior tienen un nudo en la garganta. Detestas sentir que hay algo pendiente entre ustedes. Lo que es peor aun es que te detestas a ti mismo por no hacer algo al respecto. ¿Por qué no hiciste algo?

Estamos convencidos de que todos, a veces no hacemos lo correcto cuando llegamos a la bifurcación del camino que nos lleva a resolver los conflictos. En lugar de ir hacia adelante y resolver el problema de manera rápida, pacífica y conforme nos enseña la Biblia, intentamos resolverlo a nuestro modo o nos retraemos y dejamos que siga sin resolverse. Es como si hubiera una gran luz roja en el medio del camino hacia la solución. Nos congela en nuestro recorrido o nos empuja a desviarnos a una ruta alternativa que no tiene la misma efectividad. Sabemos que necesitamos ocuparnos del conflicto, pero algo parece retenernos.

Reconocer y superar esas luces rojas emocionales es otro paso crítico que debes dar para ejercitar el amor que perdona y proteger tu matrimonio a prueba de divorcio. Barb y yo consideraremos varias de estas luces en este capítulo.

PRIMERA LUZ ROJA: EL ORGULLO

El orgullo puede ser el impedimento más destructivo y dañino para llegar a la sanidad en un matrimonio. Como la Biblia nos dice: «El orgullo precede a la ruina y la altivez a la caída» (Proverbios 16:18).

El tipo de orgullo del que hablamos no es el cálido sentimiento de orgullo que tenemos por nuestra familia, nuestro trabajo o nuestro país. Estamos hablando del tipo de orgullo que dice: «Yo dirijo mi propia vida y no quiero la interferencia de los demás». Es el orgullo que se niega a admitir faltas, que le echa la culpa a otros por los problemas y los conflictos. Es el tipo de orgullo que hace que un esposo y una esposa se agazapen en sus respectivas trincheras y se nieguen a dar el primer paso hacia la paz.

Harold ha estado congelado a causa de una luz roja de orgullo durante unos cuantos años. A los cincuenta y siete años, había triunfado en casi todas las áreas de su vida. En los negocios, era vicepresidente de una empresa y tenía un ingreso que se acercaba a las siete cifras. Durante tres períodos, había sido presidente de la asociación benéfica en la que participaba y en cada período el grupo había recaudado cada vez más cantidad de dinero para la caridad. Como aficionado a los autos antiguos, Harold había restaurado varios autos clásicos galardonados. Como si esto fuera poco, adquirió renombre como cocinero *gourmet* por las cenas que ofrecía con su esposa, Desiree, para sus muchos amigos.

En lo único que Harold fallaba en lugar de triunfar era en un área muy importante: su matrimonio. Hace catorce años, su hijo de veintidós años, Jake, se había quitado la vida con una sobredosis de drogas. Esto hizo pedazos y quebrantó a Harold y a Desiree. Luego, poco después del funeral, Harold comenzó a acusar a su esposa: «Desiree, si tan sólo lo hubieras preparado mejor como muchacho, tal vez esto no hubiera sucedido. Deberías haber controlado su comportamiento de adolescente. No hubiera terminado con la gente equivocada si lo hubieras supervisado mejor».

A Desiree la hirió profundamente el hecho de que Harold le echara la culpa de manera severa y persistente y que no quisiera aceptar parte de la responsabilidad. No admitía que sus largos viajes de negocios y la fanática devoción por sus pasatiempos y proyectos podían haber contribuido a los problemas de Jake. Como resultado, la pareja era popular y muy querida por muchos, pero entre ellos eran como extraños a puertas cerradas.

Para Harold, es una debilidad admitir que hay un conflicto y mucho más admitir que él puede tener algo de responsabilidad en lo que ha sucedido. Su orgullo está llevando a su matrimonio al borde del divorcio.

La antítesis del orgullo es la humildad. C. S. Lewis escribió en *Cristianismo... ¡y nada más!*: «Si alguien desea adquirir humildad, creo que puedo señalarle el primer paso. Este primer paso es darse cuenta de que uno es orgulloso. Y es un paso enorme también. Al menos nada puede adelantarse hasta tanto no se haya dado».[1] Es un «paso enorme» admitir nuestro orgullo, pero es la única manera de que esa luz roja se ponga en verde para continuar con la sanidad.

Ejercitar la humildad les permite a los Harold del mundo detenerse y examinar su interior con cuidado. De esta manera vemos adónde nos falta el amor que perdona en nuestros matrimonios y cómo cerrar los circuitos abiertos de conflicto. La humildad es un don que rara vez pedimos porque generalmente viene a través de algunas lecciones difíciles; pero ciertamente es un don.

SEGUNDA LUZ ROJA: LA CULPA

Mark tenía tan encorvada la cabeza que parecía que no podría volver a levantar la mirada. «Esta vez sí que la hice, Gary, y no puedo retroceder», dijo.

Mark trabajaba como jefe de contadores en una planta industrial. Conoció a Mary en la pequeña universidad cristiana a la que ambos asistían y se casaron al poco tiempo de graduarse. Mary venía de una familia adinerada en tanto que Mark había crecido en un hogar de clase obrera y había sido el primero de la familia en asistir a la universidad. Ambos tenían cuarenta y tres años cuando Mark vino a verme. La pareja tenía un hijo en la universidad y otro en la escuela secundaria.

A Mary le encantaba tener cosas lindas y Mark trataba de cumplir sus deseos. Aunque tenían un presupuesto moderado, él la seguía alentando para que se comprara lo que quería. Mark estaba decidido a proveer para su esposa de la manera en que otros hombres en su círculo de amigos lo hacían, así que continuamente usaba las tarjetas de crédito y postergaba pagos. Se sentía muy mal por el agujero financiero en el que los había hundido pero no podía pararse delante de Mary para decírselo.

Entonces un día, Mark tomó una decisión que cambiaría el curso de sus vidas para siempre. Descubrió un error de 12.000 dólares en los libros de la empresa. Al revisar las cifras en su escritorio, se felicitó por un trabajo bien hecho. Pero entonces, un pensamiento oscuro lo tomó por sorpresa: *¿Qué pasaría si no le digo a nadie acerca del error? Nadie más sería capaz de descubrirlo. Los 12.000 dólares están disponibles.*

Sabía que estaba mal, pero entonces pensó en todos los aumentos que le habían prometido y que nunca le habían dado. *Nadie está atento a lo que hago aquí,* pensó. *Y tratar de mantener los gastos de Mary se está haciendo cada vez más difícil. Tal vez pueda usar el dinero por un par de meses y después lo devuelva. Nadie lo sabrá jamás.*

¿Te das cuenta de la red de justificaciones? Mark cedió a la tentación y nunca devolvió el dinero como había planeado. Ahora se encontraba en mi oficina porque una auditoría de la empresa estaba a punto de descubrir lo que había hecho.

En primer lugar, la incapacidad de Mark para ser sincero con Mary con respecto a su situación financiera contribuyó a crear el problema. Pero después de cometer el delito, comenzó a vivir con culpa, y como esa culpa le pesaba, se volvió más malhumorado e irritable y se hizo más difícil llevarse bien con él. Mary sabía que algo andaba mal pero no sabía qué. Mark evitaba cualquier conflicto relacionado con la situación financiera familiar porque no quería admitir su delito.

Mientras estaba en mi oficina, se sentía lleno de autocondenación y sentimientos de fracaso. «¿Qué dirá Mary? ¿Cómo voy a mirar a los ojos a mis hijos y a mis padres? ¿Cómo sostendré a mi familia? ¿Qué sucederá si voy a la cárcel?» La culpa había impedido que resolviera su conflicto con Mary y su silencio sólo hacía que las cosas empeoraran. Deberá hacerse cargo de las consecuencias de sus acciones durante muchos años.

La parte positiva con respecto a la culpa es que puede llevarnos a una relación amorosa con Dios. El apóstol Pablo escribió: «Dios a veces permite que nos vengan tristezas para impulsarnos a apartarnos del pecado y procurar la vida eterna. Jamás debemos quejarnos de estas tristezas, pues no son como las del que no es cristiano. Las tristezas del que no es cristiano no lo conducen al verdadero arrepentimiento y no lo libran de la muerte eterna». (2 Corintios 7:10).

La luz roja de la culpa sin resolver puede inhibir la restauración de una relación deshecha. Cuando te sientes culpable, necesitas hacerte una pregunta directa: ¿He quebrantado una ley de Dios o de los hombres que me lleve a sentir lo que siento? Si debes responder sí, tal vez tu culpa sea constructiva y te conduzca al arrepentimiento y a la sanidad. Enfrentar la culpa y arrepentirse es un paso difícil, pero la libertad que experimentas es mucho más refrescante que la terrible carga que sientes cuando no le haces frente.

TERCERA LUZ ROJA: LA PEREZA

La pereza es un enemigo sutil pero peligroso cuando se trata de cerrar los circuitos, una luz roja que ciega a muchas parejas en conflicto. Cuando las personas son solteras, a menudo no se dan cuenta del gran esfuerzo que requiere la relación matrimonial. La gran tarea es encontrar y cortejar al cónyuge en potencia. Una vez que terminó la búsqueda y dijeron «Sí, acepto», se vuelven pasivos, simulando dejarse llevar por la vida matrimonial. Pusieron muchísimo esfuerzo en el noviazgo, pero no están dispuestos a dedicarse con esfuerzo para que la relación matrimonial dure toda la vida. Cuando surge el conflicto, son demasiado perezosos como para ocuparse de él. Se alejan de la presión y se escapan a sus fantasías con actividades tales como: pasatiempos, televisión, compras o deportes. Cuando la pereza le impide a un esposo o a una esposa abrirse paso a través de los conflictos que enfrenta, el dolor y el enojo no se sanan. John y Deb han estado luchando durante años por la manifiesta falta de interés de John para ocuparse de los conflictos de su familia. Cuando John vuelve a casa del trabajo, enseguida enciende la televisión. Allí se sienta durante horas de forma ininterrumpida, noche tras noche, mirando comedias y acontecimientos deportivos. Esto vuelve loca a Deb. Ella creció en una familia activa que siempre trabajaba en el jardín, hacía deportes o participaba de actividades familiares en conjunto. Durante los años de noviazgo, John pasó mucho tiempo con Deb y era creativo para planear momentos especiales juntos. Pero durante los últimos años, prácticamente se ha apartado de cualquier actividad familiar concreta y esto le duele mucho a Deb. Y cada vez que ella trata de hablarle al respecto, está demasiado absorto en la televisión como para escuchar y responder. Su amor se ha enfriado y se han dejado llevar por las peligrosas aguas del divorcio emocional.

La pereza puede matar un matrimonio. Indica apatía, y las personas apáticas nunca están dispuestas a dedicar el tiempo y el esfuerzo para que el matrimonio funcione. Al final de sus vidas miran hacia atrás y se dan cuenta de que han perdido la intimidad y el amor que realmente querían en el matrimonio. La pereza lleva a la pesadumbre, al remordimiento, al dolor y al divorcio.

CUARTA LUZ ROJA: LA VERGÜENZA

Annie se fue corriendo de mi oficina con lágrimas rodando por sus mejillas. Su esposo, Scott, me miró aturdido. «Cada vez que comenzamos a hablar de lo que está sucediendo, llora», me dijo. «No sé cómo responder».

Aquí estaba esta pareja, intentando llevar adelante su matrimonio de una manera saludable. Pero una voz hacía eco en los oídos de Annie desde su infancia, la voz de su madre: «¿Alguna vez puedes limpiar la cocina como te lo dije?»; «Ese chico te tocó otra vez, ¿no es cierto? Te dije que te alejaras de él. Es lo único que quiere».; «No sé qué voy a hacer contigo. ¡Mírate nada más! Estás sucia y la abuela llega esta tarde. ¿No puedo dejarte sola ni un minuto?»

Annie creció con mensajes que la avergonzaban, pronunciados por una madre que probablemente había crecido en el mismo tipo de ambiente supercrítico en su propio hogar. De adulta, Annie oía esos mensajes de continuo en su mente siempre que ella y Scott enfrentaban un conflicto. Esos mensajes aparecían con el mismo tono de vergüenza y siempre con lágrimas: «Nunca lo voy a hacer bien, Scott. Sé que no estaré a tu altura»; «No puedo ir a la fiesta así como me veo. Ve sin mí. Nunca estaré lista a tiempo»; «Es inútil. Nunca cambiaré».

Scott sentía dolor por su esposa. Ambos querían aprender a ocuparse de sus conflictos. Pero cada vez que comenzaban a hablar de un problema entre ellos, Annie se aislaba o se ponía demasiado a la defensiva y Scott alzaba las manos en señal de indignación y frustración. Rara vez eran capaces de resolver un conflicto, porque los sentimientos de vergüenza de Annie continuamente lo impedían.

El profundo complejo de inferioridad provenía de la cantidad de veces en las que ella no había cumplido con las expectativas de otros; en primer lugar, las de sus padres y luego las propias. Por momentos, la vergüenza llevaba a Annie a retraerse detrás de la derrota y el aislamiento y no quería a nadie a su alrededor. Otras veces, se sentía impulsada a intentar estar a la altura de una serie de expectativas muy elevadas que estaban fuera de sus posibilidades. Esta combinación de humillación, aversión a sí misma, perfeccionismo, actitud defensiva e incertidumbre acerca de sí misma, había envenenado el corazón de Annie y estaba arruinando su matrimonio.

La vergüenza puede ser también el resultado de experiencias dolorosas de la infancia o la adolescencia, como en los casos del abuso sexual o físico. El dolor de esos conflictos pasados es tan tremendo, que las víctimas no están dispuestas o parecen incapaces de hablar al respecto. Hemos aconsejado a muchas personas que han sufrido un abuso atroz en el pasado, pero que nunca les han contado a sus cónyuges lo sucedido. Entonces llevan a cuestas el secreto vergonzoso y oran para que nunca salga a la superficie y deje su dolor al descubierto. Mientras tanto, evitan ocuparse del conflicto por miedo a que saque a la luz su vergüenza. ¿En qué se diferencian la luz roja de la vergüenza y la luz roja de la culpa? La culpa se relaciona con la conducta, las personas se sienten culpables por lo que *hicieron*. La vergüenza se relaciona con el individuo, las personas se sienten avergonzados por quiénes *son*. En su excelente libro, *Released From Shame,* Sandra Wilson escribió: «La vergüenza es la sensación que te hace pensar que eres excepcionalmente imperfecto y que no tienes arreglo. Hace que la persona se sienta diferente e inferior con relación a los otros seres humanos».[2]

Las personas cuyas vidas están ensombrecidas por la vergüenza, en general, intentan sobrellevarlo de dos maneras, ambas contraproducentes para resolver conflictos. En primer lugar, pueden luchar para lograr la perfección en sus vidas, con la esperanza de que esto les otorgue la atención y la aprobación que no tuvieron en la infancia. Pero los perfeccionistas se resisten a confesar sus faltas y buscar el perdón, lo que es vital para sanar las heridas.

En segundo lugar, es probable que se esfuercen por asumir el control en sus relaciones y actividades, suponiendo que si están a cargo, sus vidas serán más previsibles y seguras, y por ende menos dolorosas. Pero la firme determinación de tener el control, a menudo impide que las personas admitan sus ofensas haciendo que los intentos por resolver los conflictos sean parciales e infructuosos.

La persona controlada por la vergüenza necesita comprender e incorporar dos conceptos bíblicos clave. El primero es la gracia. Cuando el apóstol Pablo clamó a Dios para que lo librara de su debilidad, la respuesta de Dios fue que confiara en su gracia. Pablo escribió: «Pero él me dijo: "Te basta con mi gracia, pues mi poder se perfecciona en la debilidad". Por lo tanto, gustosamente haré más bien alarde de mis debilidades, para que permanezca sobre mí el poder de Cristo» (2 Corintios 12:9, NVI). Dios despliega su poder en nuestras vidas en los momentos de mayor debilidad... si lo dejamos.

El segundo concepto clave es la regeneración. Las personas llenas de vergüenza deben dejar la visión negativa de sí mismos y abrazar su verdadera identidad, que se encuentra en lo que Dios diseñó para ellos cuando pusieron su fe en Jesucristo. El apóstol Pablo escribió a la iglesia en Éfeso: «Arrojen de ustedes su vieja naturaleza tan corrompida y tan llena de malos deseos. Renueven sus actitudes y pensamientos. Sí, revístanse de la nueva naturaleza. Sean diferentes, santos y buenos» (Efesios 4:22-24).

Recibir el regalo de Dios de una nueva vida nos permite entregarle a él de una sola vez todos los pecados de nuestro pasado.

Tal vez no podamos olvidarnos por completo de nuestros pecados, pero en virtud de la gracia y del perdón de Dios, podemos dejarlos atrás y encontrar una manera saludable de resolver los conflictos conyugales.

Es probable que la quinta luz roja sea la más terrible de todas. Barb describirá la función que juega el temor al impedirnos que sanemos las heridas del matrimonio.

QUINTA LUZ ROJA: EL TEMOR

Todos le tememos a algo, como por ejemplo a los viajes aéreos, a las serpientes, a las arañas o a las alturas. Debo admitir que le temo al fuego. Cuando tenía siete años, regresé de un viaje escolar y me encontré con los coches de bomberos enfrente de nuestra casa. Me horroricé al ver que el garaje se había quemado hasta los cimientos y mi amado setter inglés, Bully, había quedado atrapado adentro y perdido la vida. Aun después de tantos años, cuando lo recuerdo, se me hace un nudo en la garganta. Todavía tengo mucho cuidado cerca del fuego. Algunas veces, el sonido de las sirenas o el olor del humo me conectan con ese temor de la infancia.

La mayoría de estos tipos de temores no debilitan nuestras vidas y algunos hasta son causa de risa. Pero algunos temores pueden impedir que resolvamos conflictos en nuestro matrimonio.

Más que nada, el temor es una respuesta a algo que percibimos como abrumador o amenazador en nuestras vidas. El temor puede ejercer en nosotros tanto una fuerza positiva como negativa. En la Biblia, se nos enseña que debemos temer a Dios, lo que significa que tenemos que respetar y honrar su poder sobre nuestras vidas. Un saludable temor de Dios se manifiesta en nuestra confianza en Él. Irónicamente, un temor de respeto y confianza en Dios puede rescatarnos de otros temores que pueden dañar nuestras vidas y nuestros matrimonios. En otras palabras, cuanto más tememos a Dios en el sentido correcto de la palabra, menos temeremos a las cosas que nos impiden ser las personas y los cónyuges que anhelamos ser.

El apóstol Pablo sabía lo que era el temor frente al conflicto. Declaró: «Desde que llegamos a Macedonia no habíamos tenido reposo; por fuera, las dificultades que se agolpaban a nuestro alrededor; por dentro, el temor que sentíamos» (2 Corintios 7:5). Para muchos de nosotros, así vivimos la vida. Luchamos a través de los conflictos en nuestros matrimonios y sentimos miedo y temor por dentro. Muchas personas saben que necesitan resolver ciertos conflictos y a menudo saben cómo hacerlo. Sin embargo, tienen miedo. Les falta la valentía para enfrentar una amenaza real o que se percibe. Así que evitan ocuparse del asunto y en cambio deciden pisar suelo firme. A continuación, veremos cuatro temores que impiden que las personas resuelvan los conflictos.

El temor al fracaso

Durante años, Beth supo que los hábitos alimenticios de su esposo contribuían a su mala salud. Sirviera lo que sirviera a la hora de las comidas, Douglas comía demasiado. Si la comida no lo satisfacía, la remataba con uno o dos sándwiches de mantequilla de maní. Además, era un adicto a los postres, especialmente a los helados. A los cuarenta y dos años, Douglas tenía casi veintitrés kilos de sobrepeso, lo que agravaba la artritis en sus pies y caderas. Beth también sabía que su esposo era un candidato de alto riesgo para enfermedades cardíacas. Además de las preocupaciones por la salud, Beth estaba desilusionada al ver que Douglas había perdido con tanto descuido el cuerpo atractivo que ella había admirado en él cuando se casaron.

Unas cuantas veces, Beth había tratado de enfrentarlo con su manera de comer. Se había ofrecido a hacer dietas con él. Lo había alentado para que fuera a un gimnasio y contratara a un entrenador particular. Le había sugerido que consultaran a un nutricionista juntos. Pero cada vez que sacaba el tema, él se disgustaba.

«Crees que estoy gordo y estás siempre acosándome con ese tema», decía, con voz dolida. «No confías en que puedo cuidarme a mí mismo. Si sólo dejaras de fastidiarme con el asunto de la comida, tal vez podría hacer algo al respecto».

En contadas ocasiones, Beth llegó a convencer a Douglas para que comiera de una manera más sensata en la casa. Luego descubría las barras de caramelo y los envoltorios de los bizcochos con merengue en el auto. Y en esos períodos de supuesto buen comportamiento, era una carga vivir con Douglas.

Ahora, Beth está muy atemorizada. Tiene temor de que este conflicto nunca se resuelva. Lo ha intentado todo y no ha dado resultado. Y cuanto más intenta, mayor es la tensión en su matrimonio. No quiere intentar nada más por temor a que las cosas empeoren.

Si le temes al fracaso en tu matrimonio, harás cualquier cosa para evitar los problemas y los conflictos que generan tu temor. Algunas veces, el temor al fracaso puede volverse tan intenso que la comunicación conyugal, en todas sus formas, se vuelve una tarea pesada. Tal vez sientas que no puedes alcanzar las expectativas de tu cónyuge y entonces te distancias física o emocionalmente. Al evitar el dolor del fracaso, puedes permitir que los conflictos supuren durante años.

El temor al éxito

Irónicamente, algunas personas se alejan de la solución del conflicto porque tienen temor al éxito, no al fracaso. Tal vez te preguntes: «El temor al fracaso tiene sentido, pero ¿quién puede temer al éxito?» Las personas que tienen temor al éxito evitan correr riesgos porque su pasado está tan marcado por los fracasos, que el éxito es una idea extraña para ellos. Se quedan inmóviles en la bifurcación del camino porque avanzar hacia lo desconocido de la sanidad les parece más amenazador que la familiaridad del fracaso.

Sin darse cuenta, estas personas razonan: *Si me abro paso y resuelvo este conflicto con mi cónyuge, es probable que tenga que cambiar mi conducta y no sé cómo hacer eso.* O piensan: *Si logro resolver este conflicto, es probable que vuelva a echarlo todo a perder, así que ¿de qué sirve intentar?* De hecho, algunas de estas personas llegan a sabotear la resolución del conflicto para ahorrarse la ansiedad de un cambio en la relación con su cónyuge.

El temor al rechazo

El temor al rechazo es un primo del temor al fracaso. Es esa pequeña voz interior que dice: «Si tu cónyuge realmente supiera lo que estás pensando y sintiendo se reiría y se alejaría de ti». El temor al rechazo impide que algunos cónyuges expliquen las verdaderas razones de sus conflictos. Creemos que si nos arriesgamos a salir de nosotros mismos, nos volverán a rechazar. Así que en lugar de seguir adelante para resolver el conflicto, retrocedemos a hurtadillas entre las sombras y nos encerramos en nosotros mismos. El temor al rechazo lleva a la pérdida de la confianza en uno mismo, lo que puede convertirse en ansiedad o depresión. Los conflictos pueden persistir, pero el dolor de hablar al respecto es tan terrible, que evitarlos parece ser el mejor camino a tomar.

Penny, una de mis pacientes, me inspiraba una profunda lástima. Había sido víctima de abuso sexual en la infancia pero nunca se lo había contado a su esposo. Ed era un buen esposo. Proveía para la familia y amaba a los niños, pero siempre se enojaba cuando hablaban acerca de temas sexuales. Le había dicho a Penny: «Si sucedió algo antes de conocerte, por favor no me lo digas. No podría manejar la situación si lo supiera». Penny ansiaba que su esposo supiera la verdad y la ayudara a lidiar con el dolor. Pero temía que al contarle la verdad, perdiera el interés sexual en ella.

Todos enfrentamos presiones y problemas, y una de las mejores maneras de ocuparnos de ellos es hablar con la persona que más amamos y en la que más confiamos: nuestro cónyuge. Aun así, Penny le ocultaba su dolor más íntimo a su esposo. «No vale la pena correr el riesgo de que me rechace», dijo. «No tengo salida». El temor al rechazo le impedía encontrar la sanidad a su antiguo conflicto.

Muchos hombres también albergan este temor al rechazo. Es probable que el esposo no hable de sus necesidades sexuales o emocionales con su esposa por temor a ser rechazado. Como resultado, puede ser más vulnerable a la tentación de satisfacer sus necesidades fuera del matrimonio. Así comienzan muchas aventuras amorosas. Si los límites que rodean el matrimonio no son lo suficientemente fuertes como para protegerlo, una persona puede neciamente ceder a la tentación del adulterio.

Algunas personas también piensan que si hablan con sus cónyuges acerca de sus sentimientos con sinceridad, recibirán desprecio y rechazo. Piensan que escucharán: «¿Cómo se te ocurre pensar tal cosa, mi amor?» Pero esas personas todavía tienen la necesidad de desahogar sus sentimientos con alguien. Nadie quiere ser juzgado, sólo queremos que se nos escuche. Una comunicación sincera, abierta y dispuesta alimenta un matrimonio saludable.

El temor a la intimidad emocional

Otro tipo de temor que puede impedir la solución de los conflictos en el matrimonio es el temor a la intimidad emocional. Es posible que quieras comparar la intimidad emocional con la intimidad sexual pero son muy diferentes. Muchas parejas tienen éxito en la intimidad sexual mientras están privados de la intimidad emocional. La intimidad sexual es más sencilla. Es posible estar juntos físicamente y satisfacerse en un breve espacio de tiempo. Pero la cercanía emocional requiere constante esfuerzo y compromiso.

Las personas que temen a la intimidad emocional levantan paredes de protección para evitar que sus cónyuges se les acerquen. Con cuidado, mantienen sus sentimientos y pensamientos más profundos en secreto. Alejan a sus cónyuges emocionalmente con explosiones de enojo o directamente evitan acercarse demasiado. De cualquier manera, el resultado es un matrimonio en donde los conflictos se resuelven sólo en el ámbito superficial, pero las heridas profundas quedan sin sanar.

Tal vez temas a la intimidad emocional porque faltó en tu hogar de origen. No te sentías a gusto con ninguno de tus padres, entonces nunca aprendiste a permitir que otras personas (especialmente tu cónyuge) se te acerquen. De esta manera, es probable que evites ocuparte del conflicto para mantener las capas de autoprotección intactas.

Éste era el caso de Pete y Kathy. Pete creció en un hogar donde reinaba el caos y la intimidad emocional era un mito. Su padre tenía un temperamento feroz y se enfurecía cuando Pete y sus hermanos menos lo esperaban. En busca de aceptación, Pete se alejó de su familia y se juntó con muchachos que andaban por mal camino. Sus calificaciones descendieron en la escuela secundaria y como muchos chicos heridos y necesitados, se descontroló con el alcohol, las drogas y las relaciones sexuales.

En el tercer año de escuela secundaria, Pete conoció a Kathy, que también venía de un hogar con falta de intimidad emocional. Estos dos chicos hambrientos de amor, intentaron satisfacer sus legítimas necesidades de intimidad emocional a través de las relaciones sexuales. Como era de esperar, Kathy quedó embarazada en su último año de estudios y al poco tiempo la pareja se casó. Sus primeros años de matrimonio estuvieron marcados por el abuso, los conflictos y el dolor emocional. Pero sorprendentemente, permanecieron juntos, al menos, en el aspecto físico.

Cuando llegaron a los treinta, Pete y Kathy estaban emocionalmente separados. Querían desarrollar una relación saludable, pero cuando Kathy se acercaba demasiado a Pete, él se encerraba en sí mismo y se retiraba como lo hacía de niño con su padre. Trabajaba mucho y pasaba el tiempo en el gimnasio. Kathy se cansó de intentar ganar el corazón de Pete así que ella también comenzó a tomar distancia. Mientras trataban de solucionar su dolor, los conflictos sólo se intensificaban. Les fue demasiado fácil volver a caer en los modelos dañinos que traían de la crianza.

Vivir en un desierto emocional estaba matando poco a poco la alegría en su matrimonio y dañando su relación con su hijo.

Cuando Gary conoció a Pete y Kathy, ellos estaban listos para tirar la toalla. «Dr. Rosberg, es demasiado tarde para nosotros», se lamentaron. Pero no era demasiado tarde. Necesitaban establecer modelos saludables de comunicación y a alguien que les enseñara a construir un matrimonio fuerte.

Gary se enteró de que Pete tenía arraigado un profundo temor a la intimidad emocional. Creía que si se volvía demasiado vulnerable, Kathy lo dejaría. Mientras Pete aprendía nuevas estrategias para acercarse a su esposa, los dos desarrollaron una mayor sensación de confianza. Poco a poco, fueron cayendo las paredes de autoprotección a medida que aumentó la intimidad emocional. Pete se arriesgó a dejar a Kathy entrar en su vida. Redujo las horas en el trabajo y comenzaron a hacer ejercicio juntos en el gimnasio. Al crecer la intimidad emocional, su matrimonio mejoró.

Pete se da cuenta ahora de que la causa de su temor a la intimidad emocional era el dolor que experimentó de niño. Ahora ya no ve a Kathy como la villana. Puede confiar en ella con todo su ser y Kathy valora la cercanía que experimentan.

Aniquila a los dragones del temor

A continuación, veremos una vívida imagen que te ayudará a lidiar con los temores que pueden estar bloqueándote el camino para la solución del conflicto y para la sanidad. Alguien nos contó este ejemplo a Gary y a mí hace unos años y, desde entonces, lo hemos usado en nuestras propias vidas y en el asesoramiento.

Si algún tipo de temor está parado entre tú y la sanidad que quieres para tu matrimonio, imagínate a ese temor como un fiero dragón que lanza fuego. Cada vez que piensas dar un paso en la dirección correcta, el dragón te ruge y te lanza fuego, manteniéndote a raya. Cuanto más alimentas ese temor con pensamientos irracionales y preocupación, más crece el dragón. La única manera de detener el crecimiento y avanzar es aniquilar al dragón.

¿Cómo aniquilas al dragón del temor? Enfrentándolo con la verdad. El temor se menciona cientos de veces en la Biblia. Pero más de trescientas veces nos dice nuestro omnisciente Padre Celestial «no temas». Pablo le escribe a Timoteo: «El Espíritu Santo, don de Dios, no quiere que temamos a la gente, sino que tengamos fortaleza, amor y templanza en nuestro trato con la humanidad». (2 Timoteo 1:7). Nuestros temores pueden parecer invencibles pero no se comparan con el poder, el amor y el dominio propio que tenemos del Espíritu Santo que mora en nosotros.

Si es que luchas contra el temor al fracaso, al éxito, al rechazo o a la intimidad emocional (contra uno o contra todos ellos), puedes vencer tus temores al demostrar fe en el Dios que nos da poder para aniquilar a todos nuestros dragones.

SEXTA LUZ ROJA: EL CONTROL

El asunto del control se centra en la lucha por el dominio o el poder en la relación matrimonial. Gary y yo a menudo usamos el control remoto de la televisión (al igual que algunos de ustedes, simplemente lo llamamos: el «control») como un símbolo del control en el hogar. La persona que tiene el control tiene el poder sobre la televisión, sea que esté apagada o encendida, y sobre los programas que están en pantalla.

Una noche, Gary y yo estábamos en la cama mirando televisión y había un programa que yo había elegido. Pero como sucede a menudo, Gary confiscó el control y comenzó a cambiar de un canal a otro «sólo para ver que más había». Pero mientras cambiaba de canal, la televisión volvía a la estación que yo había elegido. Estaba desconcertado. «¿Qué pasa con este tonto televisor?», rezongó. No pude controlar mis risas. Finalmente Gary descubrió el *otro* control, el que yo había comprado en secreto y escondido de mi lado de la cama sólo para hacerlo renegar un rato. Lo había estado desafiando por el control de los canales ¡y ni siquiera lo sabía! Nos hemos reído bastante del incidente.

Hay dos tipos de controladores: los activos y los pasivos. Los controladores activos quieren tener la última palabra, tomar las decisiones, determinar el curso de acción y además dominar lo que sucede en sus relaciones. Los controladores activos a menudo bloquean la solución saludable del conflicto al no darle importancia a las opiniones, a las necesidades o a las sugerencias de sus cónyuges. Si los dos compañeros resultan ser controladores activos, pasan todo el tiempo discutiendo y rara vez llegan a un acuerdo.

Los controladores pasivos tienen poca necesidad de control y una gran necesidad de complacer. Cuando llega el conflicto, también tienen opiniones, necesidades y sugerencias, pero a menudo se hacen a un lado para mantener la paz y hacer felices a sus cónyuges. O simplemente se alejan y evitan el conflicto. Los controladores pasivos pueden impedir la solución del conflicto de manera tan efectiva como los controladores activos. Al dejar que sus compañeros dominen la situación, a menudo no sacan a relucir sus necesidades durante el conflicto y por ende no son satisfechas, entonces el conflicto continúa fermentándose debajo de la superficie.

¿Cuál es la respuesta bíblica al problema del control pasivo o activo en los conflictos conyugales? Creo que hay una imagen útil en Apocalipsis 3:20, donde Jesús dice: «Recuerda, yo estoy siempre a la puerta y llamo; si alguno escucha mi llamado y abre la puerta, entraré y cenaré con él y él conmigo». Jesús es un caballero. No tira abajo la puerta de tu matrimonio y toma el mando como un controlador activo, ni permanece tímidamente ante la puerta inadvertido como un controlador pasivo. En cambio, golpea y educadamente espera a que lo inviten a pasar.

De la misma manera, puedes desarmar la amenaza del control en los conflictos conyugales. Los controladores activos deben aprender a retroceder y a llamar a la puerta, por así decirlo, en lugar de hacer caso omiso de la solución del conflicto al imponer su dominio.

Tengan la cortesía de pedir la opinión de su compañero, de aprender cuáles son sus necesidades y de oír sus sugerencias. Los controladores pasivos, en lugar de ser siempre los arrinconados, necesitan la valentía para pararse delante de la puerta y golpear. Aprendan a expresarse con respeto, pero de manera que no deje lugar a dudas. Cuanto más imiten el ejemplo cortés de Jesús en su relación, más fácil será resolver los conflictos y encontrar la sanidad.

Me gustaría dejarles otra imagen que ayudará a entender este tema del control y de todas las otras luces rojas que hemos discutido en este capítulo. Imagina que estás conduciendo tu automóvil por una calle desierta en una noche oscura y con niebla. No has visto otro coche durante kilómetros. Luego, de repente, tus luces altas iluminan una figura parada al lado del camino. Mientras te acercas, te sorprendes al ver que es Jesús, y está haciendo señas con la mano, esperando que le den un aventón.

Normalmente no recoges a los que piden aventones, pero sabes que puedes confiar en Jesús. Así que paras el coche y lo invitas a que se suba al asiento trasero. Pero se queda ahí parado. Con rapidez, te das cuenta de que es probable que prefiera ir adelante, entonces tu cónyuge sale y se sube al asiento trasero, dejando la puerta delantera abierta para Jesús. Aun así el Salvador no se mueve.

Después de algunos minutos de silencio, Jesús finalmente camina alrededor del coche hasta tu lado y golpea tu ventana. La bajas rápidamente y Jesús sólo te dice: «Pásate al otro lado».

Jesús no vino para ser un pasajero en nuestras vidas o en nuestros matrimonios. Él es la personificación del amor que perdona y vino para conducir; vino para estar al mando. Solamente él sabe cómo hacerte atravesar las luces rojas que te han inmovilizado en tus intentos de resolver los conflictos. Pero como es un caballero, no entra a empujones y toma el control. Con paciencia, golpea y espera a que le demos el control de nuestra vida y de nuestras relaciones matrimoniales.

7

Los principios no negociables para cerrar el circuito

Barb y yo salimos hace poco con unos amigos cuya hija de veintitantos años se estaba divorciando de su esposo. Siete años de matrimonio, una hija de tres años, toda la vida por delante y se habían dado por vencidos. A todos los que los conocen les parte el corazón. Por separado, son personas maravillosas, pero no pueden encontrar la manera de resolver sus conflictos, entonces tiraron todo por la borda, con la esperanza de encontrar sus almas gemelas perfectas en algún lugar.

Mientras contemplábamos el rostro y el alma de nuestros queridos amigos, recordé una charla que había tenido con un amigo mío hace varios años. Le había pedido su consejo con respecto a otra relación que estaba al borde de una ruptura.

—¿Tienes un minuto, Stu?

—Seguro, Gary. Comamos unos sándwiches. ¿Qué pasa?

Stu Weber y yo hemos sido amigos durante varios años. Es pastor de una iglesia numerosa cerca de Pórtland, Oregón y es el autor del clásico libro para hombres, *Tender Warrior*. En ese día en particular, Stu y yo estábamos hablando en una conferencia en Minneapolis. Yo estaba realmente dolido y necesitaba hablar con alguien. Entonces, durante el descanso en la conferencia, fuimos a almorzar juntos.

—Stu, Barb y yo estamos atravesando una de las experiencias más difíciles de nuestras vidas —comencé—. Tenemos una relación muy cercana con una pareja que está pasando por un dolor muy grande. Conocemos a estas personas desde hace veinte años, desde que íbamos a la universidad, y las admiramos profundamente. Su matrimonio era ejemplar para nosotros, pero durante los dos últimos años, han sufrido una tensión tremenda. Su matrimonio se está partiendo en dos, Stu, y nos destroza el corazón.

—¿Les han transmitido su preocupación? —preguntó Stu.

—Sí, pero nos sentimos frustrados porque al estar tan cerca de los dos no podemos mantener una actitud objetiva con respecto a sus problemas. Creo que estamos demasiado aturdidos con nuestro propio dolor de tener que enfrentar esta situación. No sabemos qué hacer. Sentimos como si fuéramos nosotros los que nos estuviéramos divorciando. Nunca nos sentimos tan inútiles al aconsejar a alguien como nos sentimos ahora.

La respuesta de Stu fue directa, sencilla y profunda.

—Gary, he decidido que con respecto a las relaciones que más valoro (con mi esposa, Lindy, con mis tres hijos y con la iglesia), nada es más importante que la relación en sí. Estas relaciones no son negociables. A no ser por la Biblia, cualquier otra cosa está abierta a discusión. Así que estoy comprometido con estas relaciones y punto.

Estaba sentado en la cafetería, mirando a un hombre que una vez había conducido tropas en Vietnam como Boina Verde. Ese día, me condujo a mí, logrando que comprendiera más claramente el problema que nos había pesado en el corazón durante meses. Lo que debíamos hacer era amar a ese hombre y a esa mujer incondicionalmente y darnos cuenta de que nuestra relación con cada uno de ellos no era negociable. Sin importar lo que fuera a suceder, mantendríamos nuestra relación con ellos. No teníamos que estar de acuerdo con lo que estaban haciendo, no teníamos que tomar partido por uno u otro, y sin duda, no teníamos que arreglar su problema. Lo único que debíamos hacer era dejarles saber que significaban mucho más para nosotros que el problema en sí. Los problemas que los dividían eran negociables y discutibles, pero nuestro compromiso con ellos como personas no lo era.

Fue exactamente lo que Barb y yo hicimos. Sólo hubiéramos deseado que nuestros amigos hubieran adoptado entre ellos la misma actitud que nosotros. Aunque todavía estamos cerca como individuos, ellos terminaron divorciándose.

En la tercera parte del libro vamos a conocer los seis pasos vitales para cerrar los circuitos de conflicto en tu vida. Mientras nos preparamos para esta etapa posterior, queremos desafiarte a que adoptes algunos principios no negociables en tu relación. Considéralos como las reglas o límites fundamentales para el amor que perdona en tu matrimonio. Cada uno de ellos es una línea en la arena que cada cónyuge determina no cruzar bajo ninguna circunstancia. Estos principios no negociables son indispensables para proteger a tu matrimonio a prueba de divorcio.

PRIMER PRINCIPIO NO NEGOCIABLE: EL DIVORCIO NO ES UNA OPCIÓN

El primer principio no negociable que te desafiamos a aceptar es el siguiente: no importa la gravedad del conflicto y el dolor, debes comprometerte a trabajar junto a tu cónyuge para llegar a una solución. El divorcio no es una opción. Cuando los conflictos que enfrentas te llevan a una bifurcación en el camino, tus elecciones son, en resumidas cuentas, las siguientes: ¿Dejarás el conflicto sin resolver y permitirás que tu corazón se endurezca, o avanzarás por fe, sin importar lo que venga en el camino, y harás lo que sea necesario para resolver el conflicto? En otras palabras, ¿elegirás reconstruir con amor la relación o correrás el riesgo de que tu matrimonio se derrumbe? El compromiso total entre ustedes y con su matrimonio es el principal factor crítico para cerrar el circuito.

Muchos individuos y parejas con los que hablamos, ven al matrimonio como una lotería, un juego de dados. Entran al mismo con la esperanza de que funcione, pero si no es así, el divorcio es siempre el camino para salir de apuros. Como esta idea está tan arraigada en nuestra cultura, cuando tengo que aconsejar a dos jóvenes en una charla prematrimonial, los insto a considerar que su matrimonio es un voto inquebrantable. Deben comprometerse incondicionalmente. Necesitan declarar: «El divorcio no es una opción para nosotros».

Necesitas ver tu matrimonio como un pacto, no como un contrato. Un contrato se centra en lo que *obtendrás* de la relación. Un pacto se centra en lo que *aportarás* a la relación. En un matrimonio de pacto, el divorcio no es una opción.

Resolver los conflictos conyugales es algo bastante parecido al trabajo del trapecista. Debes correr algunos riesgos, tal vez experimentes un poco de temor o ansiedad (o bastante) y siempre te enfrentas al peligro del fracaso. Los trapecistas y acróbatas de altura en el circo pueden correr grandes riesgos porque saben que hay una red para atajarlos. Sin la red, es probable que reduzcan las acrobacias por el temor a caerse.

El principio no negociable de compromiso total con la relación, es como una red de seguridad. Cuando hay una red para atajarte, puedes estar dispuesto a correr mayores riesgos y a superar el temor. Cuando te enfrentes a problemas difíciles, puedes abordarlos sin temor, porque el matrimonio nunca está en peligro. No importa el resultado, ambos saben que dejar al otro no es una opción. La decisión de seguir juntos ya ha sido tomada. No es negociable.

El compromiso de no divorciarte no impedirá que experimentes conflictos, pero te impulsará a resolverlos porque están comprometidos a seguir juntos. Cuanto más seguro te sientas en la relación, mejor preparado estarás para abrirte paso entre los conflictos.

SEGUNDO PRINCIPIO NO NEGOCIABLE: MI CÓNYUGE NO ES MI ENEMIGO

Cuando Barb y yo hablamos en las conferencias de «Fines de semana para recordar», les decimos a las parejas que se miren a los ojos y repitan una frase, la cual esperamos que les quede grabada a fuego en la conciencia: «Mi cónyuge no es mi enemigo». ¡Nos encanta ese mensaje! Muy a menudo, en medio del conflicto, los esposos se lanzan dardos envenenados directamente al corazón. Se consideran el uno al otro como adversarios a muerte, pero la verdad esencial es que son del mismo equipo. Necesitan trabajar juntos para restaurar su familia por completo y para vencer el aislamiento que han experimentado. Como no son enemigos, rechazarán la opción más fácil, que es evitar el conflicto o rendirse ante él y se unirán para resolverlo.

Cuando se dan cuenta de que no son enemigos, los problemas que los dividen se someten a la relación que los une. Aunque el conflicto siga trayendo dolor y enojo, eligen enfrentar los problemas, expresar sus necesidades, escucharse mutuamente y restaurar la relación. La relación verdaderamente no negociable siempre encuentra la manera de volver a cobrar vida.

El dolor que sientes después de una ofensa, te puede impulsar a cerrarte en ti mismo y a alejarte de tu cónyuge. Pero también puedes permitir que se transforme en un estímulo para buscar a alguien que es más poderoso y que siempre está dispuesto, a alguien que realmente entiende tu dolor y tu deseo de ser libre. Esa persona, por supuesto, es Jesús.

A veces, Dios usa el dolor en nuestras vidas para captar nuestra atención. Como C. S. Lewis lo dice en *El problema del dolor*: «Dios nos susurra en nuestros placeres y habla a nuestra conciencia pero en cambio grita en nuestros dolores, es el megáfono que Él usa para hacer despertar a un mundo sordo».[1] El apóstol Pablo lo dice mejor en Romanos 5: «Si vienen aflicciones a nuestras vidas, podemos regocijarnos también en ellas, porque nos enseñan a tener paciencia; y la paciencia engendra en nosotros fortaleza de carácter y nos ayuda a confiar cada vez más en Dios, hasta que nuestra esperanza y nuestra fe sean fuertes y constantes» (Romanos 5:3-4).

Una vez que decides que tu relación no es negociable, todavía necesitas la fuerza para dar el primer paso que cierra el circuito. Por eso es tan importante reconocer cómo Dios puede usar tu dolor. Si permites que te dirija a Dios, Él te dará la fuerza y el poder para resolver el conflicto.

TERCER PRINCIPIO NO NEGOCIABLE: LA MANERA DE DIOS SIEMPRE ES LA MEJOR

Para cerrar el circuito se necesita algo más que meras técnicas y esfuerzo. Es necesario que utilicemos principios bíblicos eternos para traer nueva vida a una relación sin energía. En concreto, se necesitan tres ingredientes que, cuando se aplican juntos, enriquecen la restauración de una relación destruida.

La obediencia

Ya hacía tiempo que el matrimonio de Jack y Charlene andaba mal, pero después de once años, finalmente se destruyó. Discutían todo el tiempo y no sentían amor el uno por el otro. Como cristianos, sabían que el divorcio estaba mal, pero ya no soportaban vivir juntos. Finalmente, Jack se mudó, y como consideraban terminar con el matrimonio, se involucraron emocionalmente con otras personas.

Gene, su pastor y amigo durante muchos años, un día los confrontó con amor. Les dijo:

—Sé que ustedes sienten que ya no están casados. Pero los desafío a permanecer juntos y a resolver la situación de todos modos.

—Danos una razón por la cual debamos hacerlo, Gene —alegaron.

Gene los miró directamente a los ojos.

—Es lo que Dios quiere que hagan. Y si obedecen a Dios, Él revivirá el amor entre ustedes.

A la pareja no le gustó la respuesta de Gene, pero no podían refutarla. De mala gana, accedieron y aceptaron el desafío de Gene. Decidieron hablarse con cortesía y hacer lo correcto. Al principio, fue difícil porque todavía se despreciaban. Lo hacían por obligación, porque era lo correcto. Además, cuando uno de los dos fallaba en hacer lo que le correspondía, el otro se apresuraba a condenarlo o criticarlo.

Durante las próximas charlas con Gene, Jack y Charlene aprendieron a dejar de controlar al otro y comenzaron a hacer lo que Dios les pedía de manera individual. Al seguir este consejo, comenzaron a darse cuenta de que, a medida que obedecían a Dios en lugar de tratar de controlarse o corregirse el uno al otro, su relación empezaba a mejorar. Durante los meses y años que siguieron, Dios restauró su amor.

El descubrimiento de Jack y Charlene se puede comparar con los hallazgos de una investigación conducida por Linda J. Waite, profesora de sociología de la Universidad de Chicago. El estudio reveló que «el 86% de las personas que consideraban que sus matrimonios eran infelices para finales de los 80 y que después de cinco años permanecían casadas, dijeron que sus matrimonios se habían vuelto más felices».[2] Permanecer juntos es lo que más necesitan algunos matrimonios para comenzar a sanarse.

En la actualidad, Jack y Charlene se acercan a su trigésimo aniversario y están más enamorados de lo que alguna vez pudieron pensar. Están muy felices de haberse comprometido a obedecer a Dios a pesar de sus sentimientos negativos mutuos. Dios ha usado a Jack y Charlene para ministrar a un sinnúmero de parejas cristianas cuyos matrimonios estaban muy mal. Su consejo es simple: «Obedezcan a Dios aun cuando no sientan ganas de hacerlo y Él revivirá el amor entre ustedes».

El apóstol Pablo desafió a los cristianos de Corinto: «Con este propósito les escribí: para ver si pasan la prueba de la completa obediencia» (2 Corintios 2:9, NVI). ¿Alguna vez tienes la sensación de estar siendo probado en tu matrimonio? ¿A veces te preguntas si vale la pena hacer lo que es correcto? Cada dificultad y conflicto es una especie de prueba. ¿Pasarás la prueba y seguirás siendo obediente en todo?

A través de toda la Biblia, los verdaderos grandes hombres y mujeres obedecieron a Dios de manera incondicional e inmediata, a pesar de las circunstancias. Abraham levantaba campamento y se mudaba a la orden de Dios, aun cuando no sabía adónde terminaría. También estuvo dispuesto a sacrificar a su hijo Isaac en el altar cuando Dios se lo ordenó. Moisés llevó adelante la tarea de guiar a los judíos a salir de Egipto aun cuando no se sentía capaz de hacerlo. Los discípulos dejaron sus hogares y negocios para obedecer al llamado de seguir a Cristo.

Así como a los hombres y a las mujeres de la Biblia se los llamó a ser obedientes, también nosotros recibimos este llamado como esposos. Se nos llama a cerrar los circuitos de conflictos y a dejar que Dios sane nuestras heridas. Tal vez no siempre tengas ganas de hacerlo. Tal vez no siempre estés dispuesto. Pero es necesario hacerlo porque es lo correcto. Mientras obedezcas, Dios obrará en tus actitudes y tus emociones.

La valentía

Jack y Charlene te dirán que necesitaron valentía para obedecer a Dios y mantener el matrimonio unido. En concreto, necesitaron verdadera valentía para enfrentar sus conflictos día a día en lugar de retroceder o rendirse. Tomaron la amonestación del Salmo 27:14 al pie de la letra: «Espera al Señor; Él acudirá y te salvará. Sé valiente, resuelto y animoso».

Cuando estás parado en la bifurcación del camino del conflicto, necesitas valentía para hacer lo correcto. Si dudas en confrontar a tu cónyuge con respecto a un comentario insensible porque temes que te rechace, necesitas valentía para avanzar. Si temes contarle acerca de un pecado secreto que ha traído aislamiento a su relación, necesitas valentía para ser vulnerable.

Dios te dará la fuerza que necesitas. Las instrucciones que le dio a Josué cuando la nación de Israel se preparaba para entrar a la tierra prometida son pertinentes para los conflictos que tenemos que enfrentar y resolver a diario: «Esfuérzate y sé valiente, porque tú dirigirás a este pueblo con éxito y conquistarán toda la tierra que prometí a sus antepasados. Solamente si te esfuerzas y eres valiente para obedecer al pie de la letra la ley que Moisés te dio triunfarás en todo lo que hagas. Que no se aparte nunca de tu boca este libro de la ley. Medita en él día y noche y obedécelo al pie de la letra. Solamente así tendrás éxito. Sí, esfuérzate y sé valiente, no temas ni desmayes, porque Jehová tu Dios estará contigo en dondequiera que vayas» (Josué 1:6-9).

En este pasaje, veo dos fuentes de valentía para nosotros. En primer lugar, podemos proceder con confianza cuando sabemos que Dios nos llama a hacer algo. Además, al saber que Dios quiere que resolvamos los conflictos en lugar de evitarlos, sabemos que podemos avanzar con valentía.

En segundo lugar, puedes avanzar con confianza cuando lo haces de acuerdo con las Escrituras. Como verás en la tercera parte, la Biblia está llena de sabiduría acerca de la manera en que debemos resolver conflictos. No tienes por qué hacerlo solo.

La humildad

La obediencia y la valentía son insuficientes para resolver conflictos sin una actitud de humildad. La obediencia te ayuda a cumplir con el desafío de perseverar. La valentía te da las agallas para tratar de llegar a tu cónyuge, pero la humildad derriba las paredes que los divide y te da el corazón de un siervo para volver a traer la ternura a tu relación. El apóstol Pablo escribió: «No hagan nada por rivalidad ni por vanagloria. Sean humildes; tengan siempre a los demás por mejores que ustedes» (Filipenses 2:3).

La humildad es la capacidad de poner a tu cónyuge y a tu matrimonio antes que a tus propios deseos y sentimientos. Es lo que quiso decir Jesús en Juan 13 cuando le lavó los pies a sus discípulos. No puedes aprender acerca de la humildad en la escuela, es un rasgo de carácter que debe cultivarse en las pruebas. Cada vez que enfrentas un conflicto en tu matrimonio y decides luchar por el bien de la relación en lugar de hacerlo por tus asuntos personales, estás ejercitando la humildad.

Barb y yo hemos descubierto que la humildad rara vez surge cuando nos sentimos en la cima. Por el contrario, aprendemos a ser humildes a través de las tormentas difíciles de la vida. Cuando nos quedamos sin recursos, cuando estamos quebrantados y sin ayuda, Dios pone de su humildad en nosotros. Es entonces cuando estamos listos para admitir que no sabemos todas las respuestas y nos volvemos a aquel que sí las sabe: Jesucristo.

Cuando atravesé una depresión bastante seria en 1996, experimenté uno de esos tiempos de quebrantamiento. Nunca hubiera deseado esa experiencia, pero las lecciones que aprendí fueron invalorables. La humildad se forja a través del quebrantamiento. Durante el quebrantamiento es cuando aprendemos que no somos invencibles o autosuficientes. Es así como descubrimos que nuestra relación con Jesús y con nuestro cónyuge son lo más importante en la vida.

También aprendí otra lección a través de mi depresión. Cuando las circunstancias duras de la vida o de tu matrimonio te quebrantan, quieres estar cerca de la cruz de Cristo y junto a otros que están cerca de Cristo y de su sacrificio. Allí es donde encuentras la fuerza. La gente me conoce por decir que no confío en una persona que no ha sido quebrantada. Sin quebrantamiento y humildad, la tentación de andar por tu cuenta es demasiado grande.

En el segundo capítulo, te contamos la historia de Dean, que había descubierto que su esposa, Nancy, tenía una aventura amorosa. Cuando Dean le dijo a Nancy que «lo sabía», ella le anunció que ya había conseguido un departamento. Durante una consulta, Dean me dijo que nunca había pensado que semejante declaración saldría de la boca de Nancy. Y allí dejamos la historia. Me gustaría contarte qué le pasó a esta pareja.

Dean había llegado a una bifurcación fundamental en el camino, tenía varias opciones en este enorme conflicto. Podría haber dicho: «Sí, Nancy, quiero que te vayas. Cometiste adulterio y me rompiste el corazón, se acabó». Luego podría haber llamado a su abogado y haber tomado el camino rápido del divorcio.

O en lugar de divorciarse de Nancy, Dean podría haber elegido encerrarse en sí mismo emocionalmente, retroceder y comenzar a construir un muro alrededor de sus emociones. Después del golpe que recibió, podrías entender semejante reacción, ¿no es cierto?

Pero esto es lo que realmente sucedió. Cuando Nancy le anunció que se mudaba, Dean le dijo: «No, eres mi esposa. Quiero que te quedes». Luego me contó el resto de la historia.

—Aturdida por mi declaración, Nancy confesó con lágrimas su aventura amorosa con Tim. Había durado unos pocos meses. Gary, no puedo describir la tormenta de emociones que me envolvía en ese momento. Estaba muy quebrantada mientras describía cuánto me había necesitado en aquel tiempo, pero yo había estado demasiado ocupado.

»Entonces me acordé de todo: cuán a menudo me rogaba que la llevara a cenar o al cine, pero estaba demasiado ocupado. No lograba hacer que dejara de trabajar hasta tarde, ¡ni siquiera con sus promesas de tener relaciones sexuales apasionadas! ¿Cómo pude haber sido tan ciego? Eso continuó durante varios meses. Se enojaba y me decía que mis prioridades eran un desastre. Pero yo tenía una misión y no cedí.

»Gary, ¡hice que mi esposa se alejara! La persona más preciosa de mi vida clamaba para que supliera sus necesidades pero no fui capaz de escucharla. Finalmente, *sí* encontró a alguien que la escuchaba y a quien le importaba: Tim.

—Aun en medio de ese encuentro doloroso con Nancy fuiste capaz de hablar de la raíz del conflicto. Eso es grandioso. ¿Qué sucedió después? —le pregunté.

—Admití con lágrimas: "Nunca te engañé físicamente, pero ahora me doy cuenta de que lo hice de otra manera. Quisiste acercarte, pero estaba frío y distante. Continuamente querías que conversáramos, pero estaba demasiado ocupado con el trabajo. Detesto admitirlo, pero el trabajo se convirtió en mi amante". Luego la envolví fuertemente entre mis brazos y juntos clamamos a Dios para que nos perdonara. Estaba enojado por lo que Nancy había hecho y estaba furioso conmigo mismo por haber sido tan egoísta y haber ignorado sus necesidades. Había escondido mi corazón de Dios y de mi esposa.

»Durante los días que siguieron hablamos de nuestra amargura, de nuestro enojo y de nuestro temor. En algunos momentos, nos encontrábamos más cerca y en otros, nos alejábamos. Rompía en llanto en los momentos más imprevisibles, incluso cuando estaba solo. Cuando me miraba al espejo mientras me cepillaba los dientes, simplemente comenzaba a llorar. Tenía que abrir la ducha sólo para ocultar mis gemidos. Recuerdo que me inclinaba sobre el lavatorio con náuseas, sin lágrimas, mientras clamaba a Dios.

»Cuando mi preciosa esposa lloraba por lo sucia que se sentía, llorábamos juntos. Era algo que nunca habíamos experimentado antes. Estábamos en medio de una batalla espiritual que se debatía sobre nuestro propio matrimonio. El enemigo nos susurraba continuamente que nunca podríamos volver a recuperar nuestro matrimonio. Pero con la fuerza de Dios, le devolvimos al mismo diablo sus palabras en la cara. Tomamos una postura firme con respecto al matrimonio, Gary. Y la victoria vino a través del poder de Dios.

Fue en esta bifurcación del camino, en medio de la devastación de la traición y la infidelidad, donde Dean y Nancy decidieron que su matrimonio no era negociable. También se dieron cuenta de que su relación no era sólo un matrimonio de dos, sino un matrimonio de tres: Nancy, Dean y Dios. En esta tormenta, necesitaban un ancla que fuera fuerte, segura y que no se moviera cuando los conflictos se encarnizaran. Sabían que Dios era esa ancla y se aferraron a Él con desesperación. Declararon que para empezar, Dios los unió y que sólo Él podría mantenerlos juntos después de lo que había pasado.

Los principios no negociables de un matrimonio de tres a prueba de divorcio son una sólida plataforma para resolver conflictos y sanar las heridas en el matrimonio. En la tercera parte, Barb y yo te instruiremos acerca de los principios bíblicos específicos necesarios para cerrar juntos el circuito del conflicto.

TERCERA PARTE

EL CIRCUITO CERRADO DE LA SANIDAD

8

Prepara tu corazón

Al fin llegamos a la parte más práctica del libro. Gary y yo hemos explicado cómo los circuitos abiertos de conflicto traen heridas y enojo a la relación matrimonial. Te llevamos hasta la bifurcación del camino y te alentamos a dar un paso de obediencia, valentía y humildad para cerrar el circuito. Ahora es tiempo de aprender cómo hacerlo. ¿Qué debemos hacer para ejercitar el amor que perdona en los conflictos conyugales?

En esta sección final, exploraremos un proceso de seis etapas para restaurar una relación matrimonial tensa o deshecha: (1) prepara tu corazón, (2) disipa el enojo, (3) comunica tus inquietudes, (4) enfrenta los conflictos, (5) perdona a tu cónyuge y (6) reconstruye la confianza. Te enseñaremos una serie de técnicas prácticas en cada etapa del proceso. No queremos decir que frente a cada conflicto debas recorrer este proceso de una manera legalista, pero al ir incorporando estos principios y usando este proceso como un mapa para resolver conflictos, creemos que estarás mejor equipado para responder a los conflictos conyugales cuando aparezcan.

En este capítulo, queremos hablar de la primera etapa: prepara tu corazón. (Ver el diagrama en la figura 8.) Puedes desear resolver un conflicto con absoluta sinceridad, pero si tu corazón no está en condiciones, es probable que tus esfuerzos sólo empeoren las cosas. Gary y yo queremos comunicarles cuatro pasos que ayudan a preparar los corazones para cerrar el circuito.

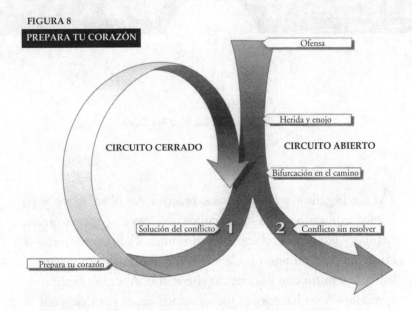

FIGURA 8
PREPARA TU CORAZÓN

PRIMER PASO: DETENTE Y TÓMATE UN DESCANSO

¿Alguna vez dijiste o escuchaste decir a alguien: «Necesito apartarme y aclarar mis pensamientos»? Lo que queremos decir con esto es que necesitamos aislarnos de la carrera alocada de la vida cotidiana por un tiempo para pensar y planificar. Apartarte para limpiar tu *corazón* es aun más importante que sanar las heridas y restaurar la relación con tu cónyuge. Cuando hay que resolver un conflicto es importante detenerse y tomarse un descanso para examinarse a uno mismo y para orar.

Para ti, tal vez signifique irte un día, o incluso un par de horas, al campo, a las montañas o a la playa. Tu descanso puede tomar la forma de una caminata por un parque cercano o puedes quedarte una hora en un rincón tranquilo de tu casa. Créeme, en realidad no importa adónde vayas, la idea es crear un espacio en tu rutina cotidiana para poder hablar acerca de tus pensamientos y sentimientos a solas con el Señor, y sin interrupciones.

A veces, cuando surge un conflicto, no tienes tiempo de apartarte, porque debes tratar el problema de inmediato. Por eso, es sabio hacerse la costumbre de programar de vez en cuando este tipo de momentos. Si nunca dedicas el tiempo para permitirle al Señor que examine tu corazón, entorpeces el proceso para resolver el conflicto con tu cónyuge. En otras palabras, si no inviertes tiempo a solas con Dios, dañas la relación matrimonial en lugar de sanarla. Tu oración constante debería ser: «Examina, oh Dios y conoce mi corazón; prueba mis pensamientos. Señálame lo que en mí descubras que te provoque tristeza, y guíame por la senda de la vida eterna» (Salmo 139:23-24).

Veremos cuatro elementos importantes para que los incluyas en tu tiempo personal y limpies tu corazón.

1. Escucha a Dios. En este tiempo, abre tu corazón a lo que Dios quiere enseñarte. La mejor manera es a través de la lectura de la Biblia. Ya sea que esté enfrentando un conflicto con Gary o que sencillamente me esté preparando para sobrellevar el siguiente, me propongo pasar tiempo a solas todos los días con la Palabra de Dios. No intento buscar una respuesta específica; sencillamente le permito a Dios que me hable a través de cualquier pasaje que lea. Mientras tanto, le pido a Dios que me ayude a entender la verdad y a aplicarla en mi vida.

2. Confiesa tu pecado. ¿Debes aclarar con Dios alguna violación de sus enseñanzas antes de ir a tu cónyuge? ¿Hiciste o dijiste algo malo que contribuyó al conflicto? ¿Omitiste o ignoraste algo que deberías haber dicho o hecho? Ora como David: «¡Ay, lávame, purifícame de esta culpa! ¡Que vuelva yo a ser limpio! Porque yo reconozco mi vergonzosa acción; día y noche me persigue. Es contra ti, sólo contra ti, que pequé, que cometí este acto terrible. Tú lo viste todo, y tu sentencia contra mí es justa ... Rocíame con sangre purificadora y volveré a ser puro. Lávame, y seré más blanco que la nieve» (Salmo 51:2-4, 7).

3. Habla con Dios en oración. Cuéntale todo: acerca de tus fracasos, de tus temores, de tus heridas, de tu deseo de sanar.

Dios no está interesado en palabras floridas, quiere escuchar algo auténtico. Ya conoce el peso de tu corazón y ansía que dejes tu carga en sus manos y confíes en Él para llegar a la solución. Quiere que oremos desde lo profundo de nuestros corazones. Permite que el dolor que sientes en tu relación te conduzca a una mayor dependencia de Dios. Puedes orar así: «Dios, dame el entendimiento para ser humilde y resolver este problema de manera que te honre. Ayúdame a tratar con gracia a mi cónyuge y a respetar su punto de vista. Ayúdanos a hablar de nuestros problemas. Ayúdanos a cerrar el circuito y a reavivar nuestro amor».

4. Toma la determinación de ser un pacificador. Jesús enseñó: «¡Dichosos los que luchan por la paz, porque serán llamados hijos de Dios!» (Mateo 5:9). Los pacificadores agradan a Dios. Uno de los aspectos más importantes para resolver conflictos es adoptar una actitud de restauración. Cuando aconsejamos a parejas en conflicto, Gary y yo nos damos cuenta de cuáles cónyuges quieren con sinceridad avanzar hacia la sanidad y quiénes siguen buscando asestar algunos golpes verbales o emocionales más. Para que haya una reconciliación auténtica, hace falta dos personas que se comprometan y hagan un esfuerzo para lograr la paz en el matrimonio. Si uno o ambos cónyuges no están listos para esforzarse por la reconciliación, rara vez llegan lejos en la resolución de conflictos.

SEGUNDO PASO: BUSCA LAS CAUSAS SUBYACENTES

Hace algún tiempo que Andrea y Rod fueron a ver a Gary para que los aconsejara.

Hacía varios años que estaban casados, pero tenían problemas y luchas con la intimidad sexual en la relación. Gary les hizo varias preguntas en el intento de entender la situación. Salió a la luz que Andrea no disfrutaba de las relaciones sexuales, lo que era frustrante para Rod. Pero cuando Gary comenzó a indagar en sus experiencias personales, tanto Andrea como Rod se resistían a la conversación. Rod dijo: «No sufrimos abuso sexual cuando éramos niños, si eso es lo que está buscando. Sólo queremos mejorar nuestra relación sexual actual. Los consejeros siempre buscan las respuestas en el pasado. ¿Siempre tiene que ser tan complicado?»

Gary explicó que lo que hacía era buscar las causas subyacentes del conflicto, no para culpar a nadie sino para entender mejor y poder ayudar. Después de un momento de silencio, Andrea dijo con timidez: «Rod, creo que tenemos que contarle a Gary acerca de lo que pasó antes de que nos casáramos». Sin muchas ganas, Rod accedió, evidentemente con una actitud defensiva.

«Gary», comenzó vacilante Andrea, «antes de casarnos, Rod estuvo involucrado sexualmente con otra chica. No lo supe hasta nuestra luna de miel. Recién allí decidió decírmelo. Me sentí enojada y traicionada. También sentí que tener relaciones sexuales de alguna manera era sucio. He estado confundida desde entonces y no sé cómo ser libre de ese sentimiento. Amo a mi esposo y quiero responderle sexualmente, pero no puedo olvidar lo que hizo y que no me lo dijo antes de casarnos».

Durante las sesiones con Gary, Rod y Andrea comenzaron a enfrentar lo que Rod se había esforzado por negar: las consecuencias de su pecado. Su deseo de aclarar las cosas con Andrea fue acertado, pero la elección del momento fue totalmente inadecuada. No sólo le arruinó la luna de miel a Andrea sino que también creó en ella una aversión a las relaciones sexuales, una aversión que se prolongó a lo largo de su matrimonio. Una vez que Gary les ayudó a desenterrar la causa subyacente del conflicto pudieron avanzar a una sanidad genuina. Con el tiempo, fueron capaces de cerrar el circuito de este asunto. Cuando das un paso para resolver un conflicto y sanar la herida, tienes que ir más allá de los síntomas. Si estás enojado con tu cónyuge, necesitas saber con exactitud de dónde proviene ese enojo. Si estás dolido por algo que dijo, necesitas indagar más allá de la herida para hallar la raíz del problema. Al tratar los síntomas solamente, el conflicto se repetirá y es probable que empeore.

Como explicamos en capítulos anteriores, hay muchos factores que se pueden relacionar con nuestros conflictos actuales, como la formación familiar o las expectativas culturales. Es por ello que para ser sanos, es esencial desarrollar una comprensión del pasado: considerar las causas subyacentes de nuestros conflictos. Tal vez quieras hacerte algunas de las siguientes preguntas en oración, mientras buscas identificar la raíz de tu conflicto:

- ¿Cómo afecta mi trasfondo familiar la manera en la que resuelvo los conflictos conyugales en la actualidad? ¿Cómo afecta el trasfondo familiar de mi cónyuge la manera en la que resuelve los conflictos entre nosotros?

- ¿Qué experiencias de mi pasado pueden haber causado el conflicto actual?

- ¿Siento alguna raíz de amargura o resentimiento que pueda sabotear la solución del conflicto actual? (Ver Hebreos 12:15.)

- ¿Hay alguna razón por la cual quiera mantener el conflicto en lugar de resolverlo? Por ejemplo, ¿disfruto de cierto control sobre mi cónyuge al no resolver el asunto?

Tal vez te resulte difícil e incómodo mirar por debajo de la superficie de un conflicto, pero sin una comprensión sincera de las causas subyacentes del mismo, las respuestas que encontrarás serán superficiales y de poca duración.

Gary te comunicará otros dos pasos que son vitales en el proceso de preparar tu corazón para resolver conflictos.

TERCER PASO: QUE TU MATRIMONIO SEA LA PRIORIDAD NÚMERO UNO

Una de las actitudes que más sabotean una relación matrimonial saludable es dar por sentado que todo está bien y dejar las cosas en suspenso. Barb y yo lo sabemos por experiencia. Cuando la vida se acelera y tenemos que movernos en una docena de direcciones a la vez, las personas más cercanas a nosotros son, a menudo, las que pasamos por alto o dejamos de lado.

Una tarde hace muchos años, cuando nuestras hijas eran pequeñas, llegué a casa del trabajo en un estado casi inconsciente. Missy, nuestra hija más pequeña, me saludó emocionada:

—¡Papi! ¡Papi! ¡Papi! —casi no me di cuenta de que me hablaba—. ¡Papi! —siguió diciendo como una docena de veces. Pero sólo seguí caminando.

Barb se volvió a Missy y le dijo:

—Amor, tu papá no está en casa todavía.

—Sí, está —argumentó Missy con inocencia—. Está ahí.

—Tú lo sabes, Sarah lo sabe, hasta Katie, la perra, lo sabe. Pero papá todavía no lo sabe.

Ésa fue una de las tantas veces en la que mis prioridades, que no funcionaban como debían, dañaron a mi esposa y a mis hijas.

Si no tomamos las riendas de nuestras prioridades, tal vez terminemos con la misma mentalidad de un ejecutivo nacional de primer nivel que dijo: «Para alcanzar el nivel de éxito en los negocios que tengo, hace falta un compromiso total. Si tu familia es muy demandante, consigue otra familia. Eso es lo que hice».[1] Este hombre no dejó sus relaciones para lo último, ¡las tiró a la basura! Para lograr que nuestras relaciones sean la prioridad número uno hace falta esforzarse y trabajar. También hace falta sacrificio.

En su libro *Aptos para casarse,* Bill y Lynne Hybels escribieron acerca de los peligros de «vivir en modo de crisis» en la relación matrimonial. Para ellos, vivir en modo de crisis es «pasar cada momento del día tratando de ingeniárselas para hacer malabarismos y controlar todo. En el modo de crisis cada vez corres más rápido, vas de proyecto en proyecto, de fecha límite en fecha límite, de cuota en cuota, de reunión en reunión, de sermón en sermón. Tus revoluciones por minuto son cada vez más altas, hasta que llegas a la línea roja».[2]

¿Cuál es el resultado de vivir en modo de crisis? Tu relación matrimonial sufre. La energía que hace falta para cultivar la intimidad y resolver los conflictos se utiliza para mantener nuestras vidas a un ritmo frenético. Los Hybels continúan:

El problema surge cuando pasas mucho tiempo viviendo en modo de crisis. Cuando esto sucede, la vida en modo de crisis pasa de ser una etapa en la vida a ser un estilo de vida. En las demás áreas de la vida, te vuelves avaro, acaparas la energía, te involucras lo menos posible, tocas superficialmente, te deslizas por la superficie, tomas las cosas a la ligera.

Al principio tomas a la ligera las relaciones. El lazo que te une a tu cónyuge, que solía ser fuerte e íntimo, se vuelve cada vez más débil y distante. Deseas que tu cónyuge no tenga una necesidad seria porque no tienes la energía para enfrentar esa situación. Sólo tocas la superficie de los conflictos. Le pones un parche a los problemas serios. Buscas arreglos rápidos, haciendo de cuenta que las cosas, en realidad, no están tan mal.[3]

Tal vez te preguntes: «Si se supone que le tengo que dar prioridad a mi matrimonio antes que a mi agitado programa de actividades, ¿cómo puedo llevarlo a cabo de una manera práctica? ¿Cómo puedo encontrar el equilibrio entre tener éxito en las actividades fuera de la casa y en las de la casa?»

Me encanta la respuesta que recibí hace algunos años de un banquero de Dakota del Sur. En el momento que hablé con él acerca de equilibrar el trabajo y la familia, él estaba en medio de una crisis de mucha presión con los granjeros. Su banco estaba ejecutando las hipotecas de los granjeros de todo el país y los banqueros como él quedaban como los malos de la película. No era el tipo de trabajo del que puedes simplemente irte a las cinco de la tarde todos los días. Este hombre me dijo lo siguiente:

«Gary, vivo a treinta kilómetros del banco. Establecí un punto intermedio entre el trabajo y el hogar, uso un poste telefónico específico como indicador. Cuando me voy del banco en la noche, me tomo los primeros quince kilómetros —que terminan en el poste— para pensar en el banco, en los clientes y en el trabajo. Pero cuando paso ese poste, de manera consciente, comienzo a pensar en mi familia. Me preparo mentalmente para saludarlos y para pasar tiempo con ellos durante la noche en casa. Y cuando parto para el trabajo en la mañana, reflexiono sobre mi familia los primeros quince kilómetros. Cuando paso mi indicador, comienzo a prepararme para el día en el banco».

No es fácil manejar esta disciplina mental y emocional, pero la recompensa es inmensa. Si quieres tener una buena relación con tu cónyuge, en especial cuando deben tratar un conflicto, debes hacer que tu relación tenga prioridad por encima de la sobrecarga de actividades.

CUARTO PASO: DILES A OTROS QUE TE PIDAN QUE LES RINDAS CUENTAS

Para que tu corazón esté siempre preparado para tratar los conflictos en tu matrimonio, hace falta esforzarse y disciplinarse. Barb y yo hemos descubierto el gran beneficio que trae pedirles a otros que nos ayuden a conservar un matrimonio positivo y maduro. Por eso los alentamos a que se acerquen a un pequeño grupo de amigos cristianos para que los ayuden a crecer como esposos al tener que rendirles cuentas.

Hace años, en 1978, me di cuenta de la necesidad que tenía de un compañerismo estrecho con otros hombres. Necesitaba un lugar donde pudiera ser yo mismo, como hombre, como esposo y como padre (no como consejero profesional). Quería que algunos hombres me conocieran lo suficiente como para hacerme las preguntas difíciles y que me ayudaran a mantener a Barb y a nuestras hijas como la prioridad número uno. Así que comencé a encontrarme con tres amigos íntimos todos los martes al mediodía, en un rincón privado de un restaurante italiano. Desde entonces, me he seguido reuniendo con Tim, Jerry y Mike.

En nuestros encuentros semanales, hemos hecho de todo, desde estudios bíblicos hasta discusiones de libros, desde orar juntos hasta contar chistes. La confidencialidad y el respeto mutuo son de suma importancia para nosotros. Lo que digo en esa mesa queda en esa mesa, y punto. Podemos ser nosotros mismos, felices o dolidos. Compartimos nuestros sueños y nos rendimos cuentas mutuamente. Para el mundo exterior, somos un médico, un consejero financiero, un empresario y un terapeuta. Pero cuando nos encontramos, dejamos nuestras credenciales en la puerta. Somos sólo cuatro hombres que se escuchan y que se interesan y oran el uno por el otro.

En el otoño de 1989, después de haber cumplido 12.000 horas en mi carrera como terapeuta matrimonial y familiar, me di cuenta de algo acerca de los hombres a los que aconsejaba. La mayoría tenía las mismas necesidades que teníamos mi grupo de amigos y yo. Necesitaban una relación con otros hombres que les brindaran apoyo, que les ayudaran a seguir en marcha como esposos amorosos, padres formadores y cristianos maduros. Algunos hombres seguían pidiendo turnos para verse conmigo no porque necesitaran mis consejos sino porque habíamos creado una buena relación y no querían que terminara. Necesitaban con ansias una relación que los ayudara y los comprometiera a rendir cuentas para ser los hombres que realmente querían ser.

Para ayudar a algunos de los hombres a los que estaba aconsejando, les pregunté a mis tres amigos si podía invitar a unos diez hombre más al estudio semanal. Lo intentamos por unos meses y funcionó. Desde 1989, me encuentro todos los miércoles por la mañana con un grupo de hombres llamado *Cross Trainers*. Unos cuatro años después de continuar con nuestros encuentros, agregamos otro grupo al mediodía. Actualmente, hay entre 500 y 600 hombres que asisten a estos dos grupos semanales y que representan a más de 140 iglesias. Son hombres de todas las profesiones y condiciones sociales, que no viven a más de ciento veinte kilómetros de Des Moines. Uno o dos maestros más y yo comenzamos cada encuentro resumiendo un capítulo de un libro cristiano contemporáneo. Luego alentamos a los hombres a que formen pequeños grupos de rendición de cuentas con hombres que asistan a su iglesia o con hombres que conocieron en *Cross Trainers*. Hablamos de lo que estamos aprendiendo, nos hacemos preguntas difíciles acerca de nuestro crecimiento y nos rendimos cuentas unos a otros.

Nuestro objetivo en este ministerio no es sólo «capacitarnos para la cruz» o crecer espiritualmente sino también «intercambiar aprendizaje» para nuestros diferentes roles como esposos cristianos, padres, amigos y miembros de la comunidad. Una de las razones por las cuales *Cross Trainers* funciona, es que enfatizamos la importancia de la confidencialidad, en especial cuando un nuevo integrante se une al grupo. Dios está usando al grupo para cambiar vidas.

Rodearte con un grupo de rendición de cuentas puede ayudarte a transformarte en un héroe en tu hogar y en otros lugares. Desde los sucesos trágicos del 11 de septiembre de 2001, todos nos hemos familiarizado con algunos de los héroes que dieron sus vidas durante el ataque terrorista contra Estados Unidos. Uno de esos héroes fue Todd Beamer, un pasajero a bordo del vuelo 93 de *United Airlines*, el cual se estrelló en el sur de Pensilvania. Beamer estaba entre un grupo de pasajeros que aparentemente desafiaron a los terroristas a bordo del vuelo y desviaron el avión de su misión destructora.

Todd Beamer era un cristiano verdadero, un esposo amoroso y un padre dedicado a sus dos hijos. (La tercera hija de la pareja nació cuatro meses después de la muerte de Todd.) Todd y Lisa Beamer buscaron la amistad y la rendición de cuentas como pareja y como individuos. Barb y yo tuvimos el privilegio de conocer a Lisa Beamer en el verano de 2002. En su libro, *Un héroe entre nosotros,* Lisa cuenta cómo ella y Todd se involucraron en una iglesia de Nueva Jersey apenas después de casarse:

> Con Todd, formamos parte de un grupo llamado «círculo de cuidado». Varias parejas jóvenes que nos reuníamos, por lo general, los domingos por la tarde para hablar acerca de temas relacionados con nuestra fe. Algunas veces, nuestro debate se centraba en un libro que todos

nos habíamos puesto de acuerdo en leer. A menudo, la conversación se concentraba en las relaciones entre esposos o en otros temas relacionados con el crecimiento espiritual. El grupo era más que una mera sesión de charla. Con frecuencia orábamos unos por otros, mientras diversos miembros experimentaban tremendas victorias y terribles derrotas, grandes logros y sucesos traumáticos en sus vidas.[4]

Todd Beamer, un esforzado vendedor de *software*, también buscó la amistad, el compañerismo y el apoyo de un grupo pequeño de hombres. Quería asegurarse de que su corazón estuviera en condiciones y sus prioridades en orden. Lisa Beamer continúa:

> Después de haber vivido en Nueva Jersey durante unos años, la mayoría de nuestras amistades más íntimas se encontraban en nuestra iglesia y en nuestro círculo de cuidado. Todd y varios de los muchachos formaron un grupo de rendición de cuentas y comenzaron a reunirse para desayunar los viernes a las 6:30. El propósito principal del grupo era ayudarlos a mantener un equilibrio saludable entre las prioridades espirituales y las responsabilidades del trabajo y del hogar. Hacían todo juntos: jugaban en el equipo de *softball* de la iglesia, hacían proyectos de mejoras para el hogar y por lo menos una vez al año, se iban de viaje un fin de semana para jugar al golf, sólo los hombres.
> No teníamos ni idea de lo especial que aquellas relaciones se volverían para nosotros.[5]

Yo le rindo cuentas a Barb y Barb me rinde cuentas a mí, pero no es suficiente. Cada uno de nosotros confía en la cercanía, el apoyo y el aliento de amigos cristianos de confianza para seguir avanzando en nuestro matrimonio. Una de las decisiones más sabias que he tomado fue pedirles a seis hombres que se comprometieran a pedirme que les rinda cuentas. Los tres hombres con los que almuerzo todos los martes me piden que les rinda cuentas. Mis yernos, Scott y Cooper y Steve Farrar, autor y orador, me piden que les rinda cuentas. Si estoy tramando algo malo en mi vida puedo hacerlo pasar por inadvertido a uno o dos de ellos, pero no habrá posibilidades de que les pase inadvertido a los seis. Cada uno de esos hombres tiene vía libre para hacerme las preguntas que necesiten. No controlan mi vida pero me ayudan a proteger mi corazón.

Todos necesitamos personas que nos hagan esas preguntas difíciles. Sin la rendición de cuentas, podemos aislarnos y aumenta en forma drástica la posibilidad de que el pecado se introduzca en nuestras vidas y en nuestros matrimonios.

Mientras preparas el corazón para solucionar los conflictos con tu cónyuge, tal vez descubras algún enojo burbujeando debajo de la superficie. Donde sea que haya una herida, hay cierto grado de enojo. Si no se disipa, impedirá el proceso de sanidad. En el próximo capítulo, Barb y yo te enseñaremos a enfrentar el enojo.

9

Disipa tu enojo

Como de costumbre, Brad estaba mirando por televisión el partido de fútbol americano del equipo de su universidad el sábado por la tarde. Como de costumbre, cada vez que Megan pasaba por la sala familiar, regañaba a su esposo para que terminara el trabajo del patio. Cuando el equipo rival marcó la anotación ganadora en contra de su equipo, Brad hizo algo que nunca había hecho antes: arrojó su vaso vacío de té helado contra el televisor. Afortunadamente, el vaso era de plástico, pero rebotó en el televisor y tiró un cuadro al piso de madera dura, haciendo añicos el vidrio. Cuando Meg vino apurada para ver lo que había sucedido, Brad la miró con enojo. «Ni siquiera preguntes», gruñó. Luego se marchó lleno de ira al garaje, dejando a Megan con la boca abierta.

A Ellie se le había hecho tarde y debía llegar junto con sus dos pequeños al estudio bíblico para mujeres. Estaba a cargo de un pequeño grupo en el estudio y no quería llegar tarde. Entonces, su hija de dos años ensució los pañales en el último minuto y tuvo que cambiarla por completo. Mientras lo hacía, su hijo de cuatro años fue a la nevera y derramó media jarra de refresco en el piso de la cocina. Cuando descubrió el desastre, Ellie le gritó a su hijo enojada. «Eres igual a tu padre, siempre metiéndote en cosas que no puedes manejar». Luego se echó a llorar. Deseó haberse tragado las palabras apenas las dijo.

Joel llegó a casa donde lo esperaban su esposa y sus tres hijos después de un día estresante. Al entrar a la casa todo le cayó mal. La cocina no se había limpiado desde el almuerzo y LuAnn no había comenzado a preparar la cena. Había juguetes desparramados por todas partes. LuAnn lo saludó con calidez pero todo lo que Joel pudo hacer fue murmurar: «Bueno, has tenido un día productivo». Luego se fue a la habitación para cambiarse.

En la relación matrimonial, las ofensas producen heridas y las heridas se desbordan y se transforman en enojo. Hablamos sobre la reacción en cadena del la herida y el enojo en el capítulo 3. A veces, nuestro enojo hierve debajo de la superficie, otras, explota. A veces, lo dirigimos a nuestro cónyuge, otras lo descargamos en alguien o algo más. Si quieren resolver los conflictos y buscar la sanidad como pareja, deben aprender a disipar el enojo. (Ver el diagrama en la figura 9.) En este capítulo, Barb y yo te ayudaremos con esta etapa en el proceso de ejercitar el amor que perdona.

FIGURA 9

DISIPA TU ENOJO

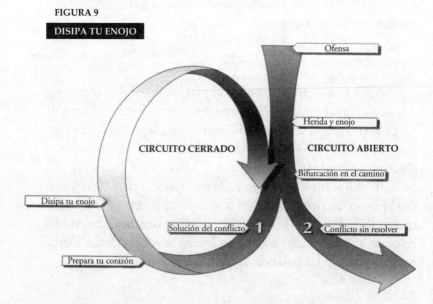

El apóstol Pablo dejó en claro que el sentimiento de enojo no es malo en sí. Escribió: «Si se enojan ustedes, no cometan el pecado de dar lugar al resentimiento. ¡Jamás se ponga el sol sobre su enojo! Dejen pronto el enojo, porque cuando uno está enojado le da ocasión al diablo» (Efesios 4:26-27). Observa que Pablo no dijo: «No te enojes». Sino que nos advirtió que el enojo tiene el potencial de conducirnos al pecado si respondemos ofendiendo a otros.

¿Entonces cómo podemos enojarnos sin pecar cuando alguien nos ha herido? La respuesta se encuentra en aprender a distinguir entre el enojo y la agresión. El enojo es una emoción, un sentimiento. La agresión es una conducta potencialmente dañina, un acto de la voluntad. El enojo se puede expresar de una manera que honre a Dios. Jesús, por ejemplo, mostró un enojo justo cuando echó a los cambistas del templo de Dios en Jerusalén. El enojo también puede alentarnos a resolver un conflicto que hace tiempo está latente.

¿Cómo disipamos nuestro enojo antes de que se transforme en agresión? Estas son algunas pautas bíblicas.

OCÚPATE DEL ENOJO EN EL MOMENTO OPORTUNO

No dejes que el sol se ponga cuando todavía estás enojado. En otras palabras, no lo ignores. Planifica y actúa para disipar tu enojo de manera oportuna, antes de que se multiplique y aparezcan el resentimiento, la amargura o la depresión.

Las personas cometen dos errores comunes cuando se enfrentan al enojo. En primer lugar, en vez de tomar tiempo para calmarse, dejan que aumente el furor en lugar de detener la conversación o la discusión. Cuando sientes que el calor del enojo está aumentando en tu interior o cuando ves señales de enojo en tu cónyuge, debes tomarlo como una señal de advertencia: *¡Enojo en proceso! ¡Tiempo para una tregua!* Si te enojas con rapidez, necesitas aminorar el paso y enfrentar tu enojo de la manera adecuada.

El segundo error es esperar demasiado para ocuparse del enojo. Muchas personas cuentan hasta diez, se desahogan un poco y luego ya no se sienten enojadas. Entonces suponen que no tienen nada que resolver. Eso es un mito. Lo más probable es que el enojo siga latente en su interior, esperando otra oportunidad para desbordarse. Apenas el enojo clava su puñal en tu matrimonio, debes hacerle frente. Si lo postergas, sólo se volverá más difícil de resolver.

No te tomes lo de «resolver el enojo antes de ir a dormir» en una forma demasiado literal. Barb y yo supimos de una pareja que permaneció dos días y medio tratando de resolver un conflicto, porque la Biblia decía que no tenían que ir a dormir enojados. Casi siempre es un error intentar resolver conflictos tarde en la noche. Cuando se hace tarde, la mayoría de nosotros nos fatigamos. A veces, tener un buen descanso nos ayudará a resolver las cosas de una mejor manera por la mañana.

CÁLMATE ANTES DE HABLAR

—Aquí vamos otra vez. Siempre lo hacemos a tu manera. ¡Ya me cansé de esto… y me cansé de ti!

—¡No puedo creer que lo volviste a hacer! ¡Grrrr! ¡Realmente me vuelves loco!

—Me rindo. Nunca vas a cambiar. Tengo que hacer todo acá.

Detrás de todas esas bolas de fuego verbales hay un cónyuge frustrado y enojado. La mayoría de las veces, este tipo de explosiones son contraproducentes para resolver los conflictos conyugales. Enfrentar el enojo de manera oportuna no significa solamente «estallar» desahogando tus sentimientos sin criterio. Las palabras cortantes e impulsadas por el enojo sólo producen más dolor. En cambio, tómate tiempo para «enfriar el motor», como solemos decir. Ocúpate del conflicto con discernimiento y paciencia.

Cuando reaccionamos enojados y sin pensar, nos impacientamos. Una *reacción* emocional surge del instinto; es automática y algunas veces involuntaria. Una *respuesta* es consciente, planeada y tiene un propósito. Lleva más tiempo elaborar una respuesta, pero es mucho más efectiva que una reacción brusca. Como una persona sabia dijo una vez, la diferencia entre una reacción y una respuesta son unos tres segundos aproximadamente.

Además, hacer una pausa para calmarte te ayudará a determinar si pudiste haber contribuido tanto o más que tu cónyuge en la formación del conflicto. Toma tiempo para humillarte y poner en práctica el discernimiento. Examínate con cuidado para ver si has ofendido a tu cónyuge. Creo que esto es lo que quiso decir Jesús cuando dijo: «¡Hipócrita! Primero sácate la viga para que puedas ver bien cuando le estés sacando la paja a tu hermano» (Mateo 7:5).

CONTROLA LA LENGUA

Con la mirada fija en su esposo, los ojos de Angie parecían ponerse vidriosos. Después de que Jason hiciera un discurso de veinte minutos, todo lo que Angie pudo decir fue: «No puedo oírte».

Yo sí que puedo oírlo, pensé mientras presenciaba el intercambio. *Y seguro que las personas en la sala de espera y en la oficina contigua también lo oyeron.* El enojo de Jason había hecho erupción sobre su esposa. En algún momento estas dos personas habían sido felices, optimistas y planeaban una maravillosa vida juntos. Ahora había dolor en sus miradas, desesperación en sus corazones y futilidad en su comunicación. La explosión de Jason hizo que yo interviniera de una manera bastante inusual.

—Quiero describir lo que acabo de ver —le dije a la pareja—. Bueno, tal vez suene un poco ofensivo, Jason, pero tu arrebato fue algo así como si vomitaras sobre Angie.

—Eso es *realmente* ofensivo, doctor —dijo Jason enojado y con cierta aspereza.

—Lo sé —dije—. Es exactamente lo que quiero decir. Tu forma de hablar fue igual de insultante que mi ejemplo.

—Por eso no podía oírte, Jason —intervino Angie, con lágrimas rodando por sus mejillas—. Cuando estallas de esa manera, no te puedo escuchar por el dolor que me produce lo que dices. Te oigo gritar y veo el odio en tus ojos y me encierro en mí misma.

Angie y Jason eran la personificación de la pareja frustrada por su incapacidad de manejar los sentimientos que Dios les dio. En lugar de controlar su enojo, sólo dejaban que volara por las nubes.

Angie continuó diciéndome que cada vez que Jason volaba de furia, recordaba la imagen de su padre enojado y se cerraba de la misma manera que cuando era niña.

Como Jason, muchos tenemos el problema de no saber controlar nuestra lengua. Ese pequeño músculo que está dentro de tu boca es capaz de hacer mucho bien y mucho daño. Tienes el poder de sanar una relación deshecha con tu cónyuge o de quemarla hasta los cimientos con lo que dices y con la forma en la que lo dices. Proverbios 18:21 dice: «Los habladores sufrirán la consecuencia. Hay quienes han muerto por decir lo que no debían». El apóstol Santiago escribió: «De igual manera, la lengua es un miembro diminuto, ¡pero cuánto daño puede hacer! Basta una chispa para hacer arder un inmenso bosque» (Santiago3:5).

¿Cómo puedes controlar tu lengua? Te damos algunas sugerencias.

Tómate tiempo para comunicarte. A veces estamos tan cargados de enojo que la boca se apresura a hablar antes de que el cerebro se ponga en marcha. De manera consciente e intencional habla más despacio cuando estés enojado, para darte tiempo a pensar antes de hablar.

Autoriza a tu cónyuge para que te ayude a controlar tus palabras cuando estás enojado. Cuando no estés en el medio del enojo de un conflicto, pídele a tu cónyuge que te avise cuando tus palabras se están saliendo de control. Pónganse de acuerdo para que algún tipo de señal (como por ejemplo que tu cónyuge se ponga el dedo sobre la boca) te recuerde que debes controlar la lengua.

Después de un enfrentamiento, pregúntale a tu cónyuge si tus palabras lo ofendieron. Escucha y aprende, luego pon en práctica el aporte de tu cónyuge que te será de ayuda para desarrollar técnicas más saludables a la hora de resolver conflictos.

Ejercítate en usar palabras amables. Proverbios 15:1 promete: «La respuesta suave aparta el enojo, pero las palabras ásperas provocan disputas». La amabilidad y la paciencia, en especial durante un conflicto, pueden suavizar la manera en la que expresas el mensaje, de manera que tu cónyuge te escuche y responda positivamente. Un importante aspecto para disipar el enojo es cómo te hablas a ti mismo acerca de los conflictos y las heridas en tu relación. Barb explicará cómo funciona este mecanismo y te brindará algunos consejos útiles.

OBSERVA TU DIÁLOGO INTERIOR

¿Alguna vez te descubriste hablándote a ti mismo? Todos lo hacemos, por supuesto. A veces murmuras algo en voz alta. Si alguien te oye, puedes explicar avergonzado: «Ah, sólo pensaba en voz alta». Pero la mayoría del tiempo este tipo de diálogo es interno. Es el proceso consciente de pensamiento que está en marcha en nuestras mentes de continuo.

Los que estudian el lenguaje, nos dicen que la mayoría de las personas dicen entre 150 y 200 palabras por minuto. Sin embargo, las investigaciones indican que el diálogo interior puede llegar aproximadamente a las 1.300 palabras por minuto. Sólo sobre la base del volumen, podemos decir que tu diálogo interior tiene un gran impacto en tus respuestas emocionales y en el comportamiento. Entonces, cuando hablamos de los conflictos maritales, las heridas y el enojo en las relaciones conyugales debes asegurarte de que tu diálogo interior sea positivo y objetivo.

Cualquier episodio de diálogo interior comienza con lo que llamamos un suceso estimulante. Puede ser algo que dijo una persona, un objeto que vemos, una escena de la que somos testigos, una fragancia, un sonido o muchos otros estímulos. Cuando el estímulo aparece en escena, nuestra mente se acelera y llega a las 1.300 palabras por minuto, en un intento de interpretar lo que recibió. En otras palabras, comenzamos un monólogo interno a toda velocidad tratando de encontrarle sentido al suceso estimulante.

Por ejemplo, en uno de los ejemplos previos de este capítulo, el esposo de LuAnn, Joel, llega a la casa después del trabajo. Al ver los juguetes de los niños desparramados por la casa y los platos del almuerzo apilados en el fregadero de la cocina, Joel sacude la cabeza y le dice en voz baja a su esposa: «Bueno, has tenido un día productivo». Luego deja a LuAnn parada en la cocina y va a cambiarse la ropa de trabajo.

De inmediato, comienza el diálogo interior de LuAnn acerca del episodio: *Joel no valora todo lo que hago por él y por los niños. No tiene idea de cuánto trabajo todo el día. Piensa que debería haber sido más productiva hoy. Ve solamente lo que no pude hacer, pero no se da cuenta de lo que hice. Cree que debería mantener la casa impecable, a pesar de que los niños me ganan por mayoría y se esfuerzan para desordenarla.*

Este proceso automático de pensamiento activa una respuesta emocional basada en la manera en la que interpretamos el suceso. Es una reacción en cadena y puede suceder en cuestión de segundos. El diálogo interior de LuAnn hizo que quedara enojada con Joel por su insensibilidad ante sus tareas diarias y por su falta de aprecio ante su esfuerzo.

Sin embargo, una respuesta emocional como el enojo, no es el final de la reacción en cadena. Tus emociones siempre darán lugar a algún tipo de comportamiento como respuesta. Tal vez llores, te rías, te defiendas, patees al perro, te cierres, comas de más, bebas de más o lo que sea. Algunas personas se tapan la cabeza con la colcha y duermen por horas sin interrupción. Otras no se quedan quietas, caminan de un lado al otro o repiquetean los dedos.

El comportamiento con el que responde LuAnn es «hacer huelga» durante algunos minutos.

En lugar de correr de aquí para allá juntando los juguetes o comenzar a preparar la cena para satisfacer a Joel, se dirige a la sala familiar y se sienta con los chicos que están mirando un video.

Nuestro comportamiento es resultado de una respuesta emocional basada en nuestro diálogo interior el cual, a su vez, fue estimulado por un suceso específico, o una combinación de sucesos. A continuación, veremos cómo es una reacción en cadena:

Suceso estimulante ⟶ Diálogo interior ⟶ Respuesta emocional ⟶ Respuesta del comportamiento

Pero el problema es el siguiente: algunas de nuestras respuestas emocionales y de comportamiento son irracionales porque a veces nuestro diálogo interior —nuestra percepción del suceso estimulante— no es preciso. Por ejemplo, LuAnn malinterpretó las acciones y el comentario de Joel acerca de la casa cuando entró. No la estaba criticando sino que estaba reconociendo, a raíz del desorden, que su esposa había tenido un día difícil. Pero para LuAnn, algo importante se perdió en su diálogo interior. En pocas palabras: a veces tus sentimientos de enojo y tu comportamiento pueden ser una respuesta legítima a un suceso, pero en otras ocasiones pueden ser el resultado inadecuado de un diálogo interior incorrecto.

Por lo tanto, una de las mejores maneras de disipar el enojo en los conflictos, es controlar tu diálogo interior. Te ofrecemos cuatro pasos útiles para ayudarte a hacerlo.

1. Reconoce que el diálogo interior es parte de ti. Todos tienen un diálogo interior. Es posible que no estés consciente, pero lo haces.

2. Identifica el diálogo interior. Vuelve a observar el diagrama: el diálogo interior se desarrolla entre el suceso y tu respuesta.

3. Cuestiona tu diálogo interior para comprobar si es racional (sustentado por evidencia) o irracional (no sustentado por evidencia). Algunas preguntas que puedes hacerte son las siguientes:

- ¿Qué evidencia tengo para sustentar mi enojo en esta situación?
- ¿Qué sucesos del pasado podrían estar contribuyendo para que me sienta así?
- ¿Cuál podría ser el punto de vista de mi cónyuge con respecto a este asunto?
- ¿Concuerdan las acciones pasadas de mi cónyuge con mi interpretación de su comportamiento reciente o sugieren algo diferente?
- ¿Qué otras interpretaciones hay para esta situación?
- ¿Habré juzgado injustamente a mi cónyuge al suponer que sé lo que está pensando?

Después de una detenida evaluación, tal vez te des cuenta de que tu interpretación de la situación realmente fue la correcta y que tus sentimientos de enojo son justificados. Pero a veces descubrirás que tu enojo es irracional porque has actuado a partir de suposiciones falsas con respecto al suceso estimulante. Mientras LuAnn pensaba en el comentario de Joel, se preguntó si había tenido una lectura equivocada de su respuesta. Nunca antes la había criticado cuando la casa estaba desordenada. Joel confirmó su evaluación cuando entró a la sala familiar después de cambiarse la ropa y dijo: «Parece que todos hemos tenido un día difícil, incluyéndome a mí. Así que los invito a comer pizza. ¿Quién está listo para ir?»

4. Reemplaza el diálogo interior incorrecto por uno correcto. Cada vez que descubras que tu enojo es el resultado de una percepción inadecuada del suceso estimulante, retrocede y medita hasta llegar a la visión correcta de lo que sucedió. Te sorprenderás al ver cómo se evapora tu enojo. Aun antes de que LuAnn y Joel se fueran al restaurante, ella había ajustado su diálogo interior: *Joel sonaba un poco triste cuando llegó a casa porque tuvo un día difícil en el trabajo. No estaba molesto conmigo, se estaba identificando conmigo porque también tuve un día difícil.* LuAnn, Joel y los niños pasaron un tiempo maravilloso esa noche.

Me encanta lo que el apóstol Pablo dice en Romanos 12:2: «No imiten la conducta ni las costumbres de este mundo; sean personas nuevas, diferentes, de novedosa frescura en cuanto a conducta y pensamiento. Así aprenderán por experiencia la satisfacción que se disfruta al seguir al Señor». No te rindas ante el diálogo interior automático que corre por tu mente. Desafía tus pensamientos. Lleva cautivo cada pensamiento a la obediencia a Cristo (ver 2 Corintios 10:5).

Nuestro diálogo interior es parte de lo que somos. Necesitamos entender esos mensajes y desafiarlos para controlar nuestro enojo en lugar de que nos controle a nosotros.

RENUNCIA A TU DERECHO DE VENGANZA

Como LuAnn y Joel, a veces tus conflictos conyugales son producto de una percepción errónea y un diálogo interior incorrecto. Pero a menudo tu enojo es válido porque realmente hubo una ofensa, y dolió. Cuando eso sucede, otro elemento importante para controlar tu enojo es desechar cualquier sentimiento de venganza. El apóstol Pedro amonesta a los creyentes: «Nunca paguen mal por mal ni insulto por insulto. Al contrario, pidan que Dios ayude a los que les hayan hecho mal, y Dios los bendecirá por ello» (1 Pedro 3:9).

Digamos, sólo a modo de ilustración, que Joel realmente quiso criticar a LuAnn cuando llegó a casa ese día. Imagina a LuAnn siguiéndolo al dormitorio para realizar el siguiente intercambio de palabras acaloradas:

—Parecías molesto cuando entraste, Joel. ¿Por qué?

—Parecía molesto, LuAnn, porque *estoy* molesto. La casa es un desorden. ¿Por qué no tienes las cosas en orden para cuando llego? ¿Qué dificultad puede haber en levantar algunos juguetes y mantener la cocina limpia?

—Intenta hacerlo durante una semana, Joel, y descubrirás cuán difícil puede ser.

Después, LuAnn sale como un trueno de la habitación.

Cuando la ofensa de tu cónyuge te lastima y te hace enojar, la tendencia natural es buscar la manera de vengarse. Puedes caer en la tentación de lanzar un insulto o puedes planear una venganza más elaborada. Tal vez LuAnn considere varias opciones para que «se las pague». Podría preparar una cena desabrida, algo que a Joel no le guste. Podría dejar en claro a la hora de dormir que no habrá romance ni esa noche ni en los días próximos. Podría trabajar menos en la casa a propósito durante los días siguientes sólo para mostrarle a Joel cuánto más desordenadas pueden estar las cosas.

El problema es que pagar ofensa con ofensa sólo inflama el fuego del conflicto y lo empeora. En determinado momento, uno de los dos tiene que detener el ciclo y como el apóstol Pedro escribió, es mejor que en su lugar den una bendición. Cuando lo haces, despejas el camino para disipar el enojo y sanar la herida.

Hay otras dos maneras en las que LuAnn y Joel podían haber manejado el conflicto. En primer lugar, consideremos cómo Joel podía haber disipado el enojo de LuAnn durante la discusión en el dormitorio.

—Parecías molesto cuando entraste, Joel. ¿Por qué?

Joel desvió la mirada por un momento. Luego dijo:

— Supongo que reaccioné mal por la condición en la que se encontraba la casa. Sé que te esfuerzas para mantener las cosas en orden. Tal vez deberíamos hablar acerca de la manera en la que pueda ayudar.

—Sería muy valioso para mí, Joel. Si pudieras estar con los niños un rato, podría preparar la cena. Después de que los niños se vayan a la cama, tal vez podamos hablar de esto.

En segundo lugar, después del enfrentamiento en el dormitorio, en lugar de planear una venganza, LuAnn podía haber disipado su enojo de distintas maneras. Podía haber preparado una cena que le gustara a Joel, como diciendo: «no hay rencores». Después de que los niños se fueran a dormir, podía sugerir (con un tono agradable) que ambos hablaran acerca del comentario crítico de Joel.

No podrán hablar acerca de un conflicto si cualquiera de los dos sigue hirviendo de enojo. Pero una vez que se disipa el enojo, la etapa siguiente en la solución del conflicto es comunicar con claridad lo que sientes con relación a la ofensa, a tu herida y a tus sentimientos. En el próximo capítulo, te brindaremos algunas indicaciones útiles.

10

Comunica tus inquietudes

Gran parte de la comunicación conyugal que escuchamos Barb y yo es parecida a las conversaciones en los ascensores. Ya sabes lo que sucede cuando entras al ascensor con un grupo de extraños. Para evitar el contacto visual, te miras los zapatos o miras como cambian los números de los pisos sobre la puerta. La conversación, por poca que sea, por lo general no es más profunda que un intercambio de opiniones acerca del clima. Además, en cuanto llegas a tu piso, se termina y te vas.

Lamentablemente, la comunicación de muchas parejas casadas no es más profunda que este tipo de conversaciones en el ascensor. En general, la comunicación es el primer tema que surge durante el asesoramiento matrimonial. En encuesta tras encuesta, las parejas consideran las dificultades en la comunicación como uno de los peores problemas en su relación. Recuerdo a una esposa que dijo: «Mi esposo dejó de escucharme hace muchos años. Ya no me escucha ni me presta atención. Está tan preocupado con el trabajo, la televisión, los deportes y su bolsa de valores». Su esposo replicó: «Bueno, te aviso cuando voy a llegar tarde a cenar, ¿no es cierto?»

Aquí tenemos a dos personas que vivían en la misma casa, pero hubiera sido lo mismo que el esposo fuera sordo, por lo poco que escuchaba y entendía a su esposa. No habían hablado acerca de las cosas importantes de sus vidas durante años, las cosas necesarias para entrelazar una relación íntima. También oímos el mismo tipo de queja de esposos cuyas esposas están tan ocupadas con sus hijos, su círculo social, las actividades de la iglesia o el trabajo, que les queda poco tiempo para compartir una comunicación profunda con sus esposos.

Comunicar tus preocupaciones es absolutamente necesario en el proceso de sanidad de la relación. (Ver el diagrama en la figura 10.) De hecho, la comunicación es absolutamente vital para la salud de nuestra relación, aun cuando no hay conflicto. Si tienes dificultad para comunicarte en tiempos de paz, te resultará mucho más difícil en tiempos de conflicto. Así que Barb y yo queremos enseñarte siete principios básicos de comunicación que no sólo te ayudarán a resolver conflictos, sino que también te equiparán para enriquecer la intimidad en la relación matrimonial día a día.

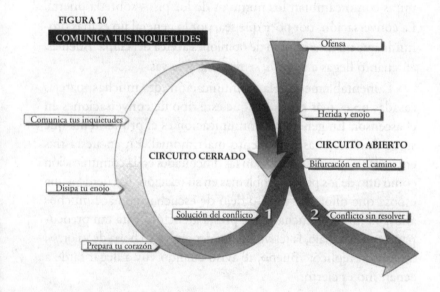

PRIMER PRINCIPIO:
EXAMINA LA TEMPERATURA DE LA RELACIÓN

Cuando vas al consultorio del médico para tu control anual o por un problema de salud, la enfermera siempre examina tus signos vitales: la presión arterial, la temperatura y el pulso. Si algo anda mal en tu interior, como por ejemplo una infección, hay una gran posibilidad de que el doctor se dé cuenta a través de estos cálculos básicos. De manera similar, durante algunos años, Barb y yo hemos examinado los signos vitales de nuestro matrimonio, tanto para diagnosticar como para prevenir los conflictos. Es uno de los mejores caminos a seguir que conocemos para comenzar la comunicación que conducirá a la sanidad.

Esto es lo que hacemos. Cada cuatro o seis semanas, nos planteamos dos preguntas. Lo llamamos *tomarle la temperatura a nuestra relación*. No somos legalistas al respecto y no es algo que debamos incluir en las actividades del calendario. A menudo, lo charlamos durante una caminata o al final de una salida. A veces, esas preguntas surgen cuando sentimos algún tipo de tensión en la relación. Cada vez que nos proponemos hacer y responder estas dos preguntas, tenemos la posibilidad de cortar los conflictos al paso. Los alentamos a que las usen de manera periódica para controlar sus signos vitales como pareja.

1. *¿Cómo me estoy portando como cónyuge?* Cuando le pregunto a Barb cómo me estoy portando como esposo, no busco cumplidos, aunque es generosa para brindármelos. Quiero una respuesta sincera. Quiero saber dónde me estoy desviando de mi rol de esposo o en qué manera puedo estar ofendiéndola. Le doy a Barb vía libre para decirme las cosas como son y ella espera lo mismo de mí cuando pregunta: «¿Cómo me estoy portando como esposa?» Por lo general, terminamos este tipo de conversaciones sabiendo con exactitud lo que podemos hacer para prevenir o desarmar los conflictos en nuestro matrimonio.

Estas preguntas permiten que la persona más cercana, tu pareja de por vida, te señale con amor cualquier punto que desconozcas. Tal vez, has dejado de concentrarte en el Señor y en tu cónyuge a causa de otras exigencias en tu programa cotidiano: el trabajo, las actividades de la iglesia, los pasatiempos, etc. Si algo te mantiene cautivo, si las cosas buenas en las que estás involucrado fuera de la relación son un obstáculo para el bienestar de tu relación, deben salir a la luz cuando realizan la primera pregunta.

2. ¿Qué necesitas de mí? No se trata sólo de cosas como ayudar con las tareas domésticas o encontrar algo que se perdió en la casa. Algunas de las respuestas más comunes que escuchamos entre cónyuges son: «más tiempo contigo», «un poco más de paciencia», «afecto, (un guiño, una sonrisa, un abrazo)» o «durante esta semana llena de presiones, necesito que ores conmigo». Tomar la iniciativa para descubrir las necesidades de tu cónyuge te permitirá prever muchos conflictos. También es un camino directo para comunicar que estás interesado en satisfacer las necesidades de la relación.

Tomar la temperatura de la relación es un componente fundamental en la comunicación de tu matrimonio. Es más que hablar y escuchar, es compartir tus pensamientos, sentimientos y necesidades. Es verdad, puede ser arriesgado. Puedes recibir una respuesta que no quieres escuchar, una que demandará un cambio de tu parte. Pero sin este tipo de vulnerabilidad y actitud arriesgada hay pocas oportunidades para el crecimiento.

SEGUNDO PRINCIPIO:
ADÁPTATE AL ESTILO DEL GÉNERO DE TU CÓNYUGE

Cuando Bill y Eileen vinieron a verme, me dijeron que habían llegado a un punto muerto en la relación. Después de once años de matrimonio, Eileen se sentía aislada y sola. Durante los primeros años, Bill la había cortejado bastante y Eileen había sido amorosa y atenta con las necesidades de su esposo. Pero durante los últimos años, su relación había perdido la mayor parte de la emoción. El matrimonio estaba en piloto automático y la pareja no hacía nada para mantener su relación. Ambos estaban ocupados con sus carreras y cubrían la mayor parte de su necesidad de compañerismo con amigos y compañeros de trabajo. Eileen estaba lista a cambiar a Bill por un modelo nuevo a causa de su constante falta de voluntad para escucharla y hablar con ella.

Al comenzar a desentrañar las causas de su conflicto en las sesiones de asesoramiento, se hizo evidente que tenían un problema fundamental: Eileen trataba a Bill como si él fuera una mujer y Bill esperaba que Eileen se relacionara con él como si ella fuera un hombre. Cada uno esperaba que el otro se comunicara con el estilo correspondiente a su propio sexo; y como eso era imposible, estaban frustrados y cada vez se distanciaban más en su matrimonio.

Los hombres y las mujeres se comunican de manera diferente. Dios nos diseñó así. En su clásico libro *El amor es una decisión*, Gary Smalley y John Trent se refieren a estudios que indican que «la mujer promedio habla unas 25.000 palabras por día, mientras que el hombre promedio habla solamente 12.500».[1]

Lo que esto implicaba para Bill y Eileen era claro. Bill estaba usando cerca de 12.000 palabras de su asignación diaria con sus compañeros de trabajo y clientes en la oficina. Cuando llegaba a su casa, no le quedaba mucho para comunicarse. Pero Eileen, que también usaba cerca de 12.000 palabras en el trabajo cada día, recién estaba entrando en calor a la hora que llegaba a la casa. A Bill ya se le habían agotado las palabras y trataba a Eileen como si ella tampoco quisiera hablar. Al mismo tiempo, Eileen estaba lista para charlar toda la tarde y le imponía su estilo a Bill. ¿Cabe alguna duda de por qué tenían conflictos sin resolver?

¿Cómo pueden los cónyuges adaptarse al estilo de comunicación del otro género? El solo hecho de saber que hay una diferencia es de mucha ayuda. Al ir agudizando tu conocimiento sobre esta diferencia, pregúntate con constancia: «¿Qué puedo hacer para satisfacer la necesidad de comunicación de mi cónyuge?» (Para más ayuda, ver *Las 5 necesidades de amor de hombres y mujeres*, un libro que nos enseña a identificar y a satisfacer las cinco necesidades principales de los esposos y las esposas.)

Esposa, date cuenta de que es probable que a tu esposo no le simpatice o tal vez no le interese tanto una conversación prolongada y frecuente como a ti. Está bien estar en casa o conducir juntos sin necesidad de estar hablando constantemente. Además, esto permitirá que tu esposo concentre su comunicación en los momentos en los que necesitas hablar de ciertos asuntos o conflictos en particular.

Esposo, comprende que tu esposa necesita hablar acerca de las cosas más que tú. Tal vez necesites guardar algo de «energía verbal» durante el día para usarla con tu esposa. Al hacer que sus necesidades de comunicación sean una prioridad, hasta puedes descubrir que tienes una mayor capacidad de diálogo de la que crees tener.

Hay excepciones a la regla, por supuesto. Algunos hombres son más hábiles y están más interesados en la conversación que sus esposas. Pero es notable cuán a menudo escuchamos a mujeres que quieren más comunicación y a hombres que quieren menos. Casi todos los días, en nuestro programa radial de difusión nacional, *America's Family Coaches...LIVE!*, las mujeres llaman con el deseo de acercarse a sus esposos a través de la comunicación diaria. La clave es ser sensible al estilo de comunicación de tu cónyuge.

TERCER PRINCIPIO:
ELIGE EL MOMENTO Y EL LUGAR ADECUADOS

Tu esposa está frenética preparando una fiesta elegante para invitados que llegarán en menos de una hora. Los niños y el perro entran y salen corriendo de la casa. El televisor está a todo volumen en la sala de recreo de la familia. Si piensas que éste es el momento para sentarse en la cocina y decir algo como: «Amor, necesitamos hablar seriamente», piénsalo otra vez.

Tu esposo acaba de terminar su tercer día consecutivo de sobre turno en el trabajo y camina dormido. Se dormita en el sillón reclinable mientras ve las últimas noticias y apenas si puede arrastrarse hasta el dormitorio. Cuando se van a dormir, tal vez tengas la tentación de decir: «Querido, no hemos hablado mucho últimamente. ¿Podemos charlar un poco acerca de cómo marchan las cosas?» Advertencia: No caigas en esa tentación. Cuando se habla de comunicación exitosa en general o de hablar acerca de un conflicto en particular, la elección del momento y el lugar es de vital importancia. En cierta ocasión, un amigo mencionó dos elementos importantes para una relación conyugal saludable: la técnica y el tiempo. Es necesario que hagas uso de técnicas efectivas para compartir, escuchar y hacer vínculos en la comunicación matrimonial y es necesario que sea una prioridad en tu agenda. Debes estar dispuesto a intentar pasar tiempo con tu cónyuge y responder con rapidez cuando él o ella toma la iniciativa. Cuando el momento no sea adecuado para ti, asegúrate de sugerir una oportunidad que sí lo sea.

La comunicación es un proceso que le permite a una pareja expresar lo que tienen en el corazón. Implica tanto expresar sus ideas como escuchar con atención al otro. Para que esto suceda de manera efectiva, necesitas escoger un tiempo que no esté repleto de otras actividades y responsabilidades, y necesitas escoger un lugar que esté libre de distracciones e interrupciones. Cuando la comunicación amorosa se da en una atmósfera pacífica y sin prisas, los cónyuges establecen una sensación de intimidad que permite que la relación florezca.

Mis padres fueron un ejemplo excelente de este principio para mí. Durante los días laborables de la semana, mi papá llegaba del trabajo alrededor de las cinco y treinta de la tarde. Los cuatro hijos corríamos a saludarlo y luego volvíamos a mirar televisión, a andar en bicicleta o a hacer la tarea. Mientras tanto, mi mamá y mi papá se sentaban en la sala de recreo de la familia y charlaban durante casi una hora. Los niños no estaban invitados, pero algunas veces iba a la cocina y los espiaba sin que me vieran. Recuerdo que mi papá y mi mamá hablaban acerca de algunos asuntos familiares bastante serios y de problemas que estaban experimentando. Pero también recuerdo haberlos visto riendo o simplemente disfrutando de la compañía mutua. Era una hora todos los días antes de la cena.

Barb y yo hemos seguido este ejemplo en nuestro propio hogar para que Sarah y Missy crecieran aprendiendo acerca de la comunicación conyugal al ver nuestro ejemplo. Necesitábamos ese tiempo juntos, pero a medida que las niñas fueron creciendo, las interrupciones se fueron haciendo más frecuentes. Finalmente, establecimos una regla: no se interrumpe a los padres durante ese tiempo a menos que estén sangrando, se hayan quebrado un hueso o tengan contusiones. Dio resultado. Rara vez nos interrumpieron desde entonces.

Si estás en medio de la resolución de un conflicto o sencillamente en medio de la rutina cotidiana, será sabio de tu parte desarrollar un modelo de interacción diaria sin prisas. Encuentra un tiempo que sea conveniente para los dos, prográmalo en el calendario si es necesario. Designa un lugar especial que esté libre de interrupciones. Tal compromiso no sólo servirá para que evites algunos conflictos sino que también establecerá un modelo para momentos continuos de comunicación significativa.

CUARTO PRINCIPIO: COMPARTE PENSAMIENTOS, SENTIMIENTOS Y NECESIDADES

Una vez que encuentren el momento y el lugar adecuados para comunicarse, ¿qué se dirán el uno al otro? Creemos que hay tres elementos importantes en cualquier mensaje que le comunicas a tu cónyuge: los pensamientos, los sentimientos y las necesidades. La combinación de esos ingredientes es lo que contribuye a una comunicación significativa en tiempos de paz o conflictos.

Es más probable que los hombres y las mujeres se sientan más unidos al comunicarse sus pensamientos, sus sentimientos y sus necesidades. La clave es saber en qué orden comunicarlos. Barb y yo hemos descubierto que los hombres y las mujeres también están diseñados de manera diferente en esta área. Así que les enseñaremos por separado la manera de comunicarse con su cónyuge para que haya armonía con su estilo de comunicación. Les enseñaré a las mujeres primero y luego Barb les hablará a los hombres.

La comunicación con tu esposo

Cuando quieras comunicarte de manera efectiva con tu esposo, el orden más apropiado es: información, sentimientos y luego necesidades. Cuando sigues este orden, cooperas con la forma en la que Dios diseñó a tu esposo.

Comparte lo que piensas del tema. Tu esposo necesita información (contenido, un resumen) y por lo general lo necesita en primer lugar. Es importante que comuniques lo que piensas acerca del tema o del conflicto en cuestión. Esto incluirá tanto información objetiva como subjetiva, más tus propias perspectivas, percepciones, ideas, valores y preferencias. Así es como suena la comunicación informativa:

- «Tus padres quieren que pasemos las fiestas con ellos, pero si lo hacemos, no podré pasar la Navidad con mis padres por tercera vez consecutiva. No quiero perderme esta oportunidad de estar con ellos. Papá no ha estado bien últimamente y... bueno, ya sabes... no va a estar muchos años más con nosotros».

- «Tengo una perspectiva distinta de nuestra situación económica, así que estoy en desacuerdo con la decisión que quieres tomar con respecto a nuestras inversiones».

- «Es mi opinión que extender el horario límite de llegada de nuestros hijos hasta la medianoche los fines de semana es demasiado indulgente. Pueden pasar un buen rato con sus amigos y estar en casa a las diez de la noche».

Comparte lo que sientes con respecto al tema. Una vez que hayas compartido lo esencial con tu esposo, puedes avanzar y comunicar tus sentimientos. Todo lo que pensamos está ligado a uno o más sentimientos: el temor, el orgullo, la alegría, la tristeza, la frustración, la traición, el rechazo, el enojo, la ansiedad, la expectativa, la satisfacción, la depresión y muchos más. De esta manera podrías agregar tus sentimientos a las «frases pensamiento» que antes mencionamos:

- «Realmente me encanta ver a mis padres, en especial en las fiestas. Sentiría remordimiento si no fuéramos a verlos».

- «Me siento frustrada porque llamaste a nuestro consejero financiero sin decirme primero tus inquietudes. Me hace sentir desinformada y fuera de onda».

- «Cuando nuestros hijos están afuera tan tarde los fines de semana, me preocupa en qué puedan involucrarse. Quiero protegerlos para que no tengan que tomar decisiones más allá de la capacidad que tienen de acuerdo con su edad».

Comunica lo que necesitas de tu cónyuge. Mientras expresas tus pensamientos y revelas tus emociones en la comunicación, establece también lo que necesitas de tu cónyuge en esa situación. Ustedes dos son compañeros. Se han comprometido delante de Dios a compartir sus cargas. Pero es difícil para tu esposo ayudarte con tus cargas si no le dices lo que necesitas. Observa cómo las declaraciones que siguen agregan la expresión de tus necesidades a los pensamientos y sentimientos que ya mencionamos.

- «¿Podrías hablar con tus padres y ver si podemos ir después de la Navidad para poder ver a los míos?»

- «Sé que estás ansioso por nuestro plan financiero. Quiero respetarte, pero por favor, prométeme que no tomarás una decisión financiera importante sin consultarme. Necesito que me escuches cuando hablamos acerca de nuestro dinero».

- «Quiero que nos pongamos de acuerdo acerca de un horario de llegada razonable y que nos sentemos con los niños para explicarles la lógica que usamos».

Ahora Barb contará desde su perspectiva y experiencia cómo un hombre puede comunicarse de manera más efectiva con su esposa.

La comunicación con tu esposa

Tu esposa necesita los mismos elementos de comunicación que tú (los pensamientos, los sentimientos y las necesidades) pero no en el mismo orden. Necesita escuchar tus sentimientos sobre el tema en primer lugar, luego tus pensamientos y por último, lo que necesitas para llegar a una solución. Te garantizo que si logras captar lo que estoy por enseñarte para comunicarte con tu esposa, tu relación matrimonial se verá transformada.

A continuación te doy mi opinión acerca de la manera en que debes comunicarte con tu esposa.

Háblale al corazón. Cuando tienes un conflicto con tu esposa, es probable que caigas en la tentación de pasar con rapidez de la ofensa a la solución. Reúnes los hechos, evalúas el daño, estableces el problema (la mayoría de los hombres pueden hacer eso). Por ejemplo, Lacey le dice a Jon que se siente dolida y enojada porque la inscribió en una comisión en la iglesia sin preguntarle primero. Jon le dice: «No hay problema. Llamaré al presidente y le pediré que te retire. Además, no lo volveré a hacer». Problema solucionado, fin de la discusión. Pero ése no es el final de la discusión o del conflicto. Jon no ha tratado el problema del dolor en el corazón de Lacey.

El primer paso para comunicarte de manera positiva con tu esposa es conectarte con sus emociones antes de ocuparte de los detalles de la ofensa. ¿Cómo lo haces? Asegúrale que has prestado atención a su dolor. Por ejemplo, Jon podría haberle dicho algo así a Lacey: «Veo que te lastimé con lo que hice. Fue realmente insensible de mi parte. Dime qué más sientes». Si no escuchas lo que hay en el corazón de tu esposa primero, se sentirá incomprendida y frustrada. Pero cuando le preguntas lo que siente, es más probable que se sienta oída. Será capaz de procesar su frustración verbalmente, lo que le permitirá avanzar a la fase siguiente, pensar en los hechos.

Háblale de los hechos. Una vez que entendiste los sentimientos que tu esposa está experimentando, ella será capaz de mirar los hechos con más claridad. El tema se trasladará de su corazón a su mente. Al sentir que la escuchas y al sentirse reconfortada por tu interés en su dolor, está más dispuesta a aceptar tus pensamientos y tus ideas. Por ejemplo, después de hacer conexión con los sentimientos de Lacey, Jon podría decir: «Cuando oí acerca del cargo en la comisión, pensé que sería algo que disfrutarías. Creo que tus habilidades serían una buena contribución para la comisión. ¿Te gustaría hacerlo en un futuro?»

Ofrécele una solución. Después de haber reconocido las emociones de tu esposa y de haber hablado de los hechos, tal vez quieras brindar algunas ideas u opciones que conduzcan a la solución del conflicto. Por ejemplo, Jon podría decir: «Hice mal al actuar sin consultarte. Si te parece bien, llamaré al presidente, me disculparé por hablar fuera de lugar y retiraré tu nombre. Pero si tienes algún interés en servir en la comisión, podría conseguir más información para que la veas. ¿Qué quieres que haga?» Este tipo de enfoque permite que tu esposa sepa que quieres ayudar a resolver la situación hiriente.

QUINTO PRINCIPIO:
PONTE EN ONDA Y ESCUCHA A TU CÓNYUGE

¿Escuchaste la historia de Walter y Harriet? Walter, entrado en los ochenta, conversaba sin parar. Desde la salida hasta la puesta del sol, mantenía una charla fluida y constante acerca de cualquier cosa. Harriet, su esposa de alrededor de sesenta años, ya llevaba mucho tiempo sin escucharlo. Había aprendido el arte de asentir con la cabeza y murmurar algo de vez en cuando, para que Walter pensara que le prestaba atención.

Un día, Harriet llevó a Walter a dar un paseo en auto. Como de costumbre, él seguía con su cantinela constante y apenas respiraba. Cuando Harriet hizo un giro muy brusco hacia la izquierda, la puerta del acompañante se abrió de repente y Walter salió despedido. Ajena a lo que había sucedido, Harriet siguió conduciendo.

Afortunadamente, dos oficiales de policía vieron toda la escena. Mientras uno atendía al pobre Walter, el otro persiguió a Harriet y le pidió que se detuviera.

—¿Iba muy rápido, oficial? —preguntó, mientras se acercaba el policía.

—No señora, no iba demasiado rápido—dijo—. Pero cuando hizo girar el volante en la esquina, unas cuadras atrás, su esposo se cayó del auto.

—¡Menos mal! —exclamó Harriet—. ¡Pensé que me había quedado sorda!

Nos reímos con esta historia, pero cuando la tomamos en serio, Harriet y Walter representan a muchas parejas casadas que sencillamente no se prestan atención. Algunos hemos aprendido el arte refinado de «escuchar selectivamente»: hacemos caso omiso y fingimos escuchar.

La Biblia nos brinda una pauta sencilla para todas nuestras relaciones: «Amados hermanos, el cristiano debe oír mucho, hablar poco y enojarse menos. La ira no nos pone en bien con Dios» (Santiago 1:19-20). Lo dice con claridad, ¿no es cierto? Rápido para escuchar, lento para hablar y lento para enojarse.

Si eres rápido para escuchar, estarás más interesado en escuchar y entender a tu cónyuge que en hacer entender tu argumento o ganar la discusión. Muchas veces, la clave para resolver un conflicto es simplemente escuchar a tu cónyuge y procurar entender su postura con respecto al problema. Cuando ambos practican esta disciplina, es probable que sean capaces de ver las cosas con mayor claridad y puedan llegar a un acuerdo.

Gary y yo enseñamos a los cónyuges a escuchar de manera *activa*. Escuchar de manera activa comienza con el contacto visual. Cuando tu cónyuge te comunica algo, deja de leer el diario, la revista, mirar la televisión o cualquier otra cosa y míralo directamente a los ojos. Cuando evitas el contacto visual, transmites lo siguiente: «Lo que estás por decir no es tan importante como el asunto en el que estoy concentrado». El contacto visual es vital para una comunicación conyugal saludable. Los ojos son las ventanas del alma.

El lenguaje corporal también es importante cuando escuchamos de manera activa. Cuando miras a tu cónyuge, te inclinas hacia él o ella y de vez en cuando asientes en afirmación, tu cuerpo dice: «En verdad me interesa lo que estás diciendo. Tienes toda mi atención». Es una forma concreta de honrarlo.

Las investigaciones han demostrado que más del 90% de nuestra comunicación está comprendida por el lenguaje corporal y el tono de voz. Nuestras palabras componen el resto. La manera en la que dices algo puede tapar lo que dices. Además, la manera en la que escuchas puede comunicar mucho acerca de tu interés en las palabras de tu cónyuge.

SEXTO PRINCIPIO:
COMUNICA LO QUE TU CÓNYUGE NECESITA ESCUCHAR

En los primeros años de matrimonio, Gary y yo, a veces chocábamos con un muro en la comunicación y no podíamos entender por qué. Los dos somos personas bastante educadas y siempre nos hemos llevado bien. Pero a veces, no podíamos entendernos y esta falta de entendimiento, a menudo hacía erupción en forma de conflictos.

Después de ocho o nueve años de matrimonio, nos dimos cuenta de que no nos decíamos lo que necesitábamos oír. Cuando le contaba a Gary lo que había hecho en el día o le comunicaba alguna otra información, incluía los detalles que me parecían importantes e interesantes. Por ejemplo, si había ido a almorzar con algunas amigas, le contaba a Gary lo que había sucedido minuto a minuto: quién había ido, qué se había dicho, cómo la había pasado, la música que había de fondo y así sucesivamente.

En otras palabras, le comunicaba lo que a cualquier mujer le encantaría escuchar (los detalles) y lo trataba como si fuera una de mis amigas.

Mientras tanto, Gary pensaba: *Vamos Barb, ve al grano.* Como la mayoría de los hombres, Gary no está interesado en todos los pequeños detalles. Por naturaleza, los hombres tienen un estilo de comunicación que se atiene a lo esencial. Tienen que escuchar lo principal, comprender la situación. Gary dice que cuando sale a almorzar con los amigos, apenas recuerda lo que comió, y tampoco puede hablar de lo que otro comió o de lo que llevaba puesto. Podría contarme algo por el estilo: «Tuvimos un lindo almuerzo, compartimos algunas cosas interesantes y planeamos encontrarnos de nuevo». Fin de la historia.

Ésa era la otra cara de nuestro problema de comunicación. Cuando Gary me compartía sus cosas, me sentía frustrada porque pasaba por alto los detalles que eran tan importantes para mí. Como a la mayoría de las mujeres, me gusta escuchar todos los pormenores interesantes. Pero como Gary comunica sólo lo esencial, en general es todo lo que me dice.

Después de años de frustración, finalmente se nos hizo la luz y entendimos que teníamos diferentes estilos de comunicación porque teníamos diferentes necesidades comunicativas. En tanto que a mí me interesaba mucho saber todos los detalles del mensaje, Gary buscaba el tema central. Y cuando él daba su mensaje conciso, yo me quedaba con ganas de saber más.

Al enfoque comunicativo de un hombre, a menudo se le llama el estilo piramidal de transmitir comunicación. Cuando los periodistas escriben historias nuevas, comienzan en la cima de la pirámide con el tema central: «Tornado cobra cientos de vidas», «El Pentágono intensifica los esfuerzos de guerra», «Muere actor famoso». Los párrafos siguientes agregan más información, de lo más importante a lo más trivial. Muchos hombres se contentan sólo con leer los titulares y el primer párrafo en el diario. Por lo general, ésta es la manera en la que se comunican con sus esposas.

Si inviertes la pirámide, verás cómo muchas mujeres comunican información, no como un periodista sino como un novelista. Vamos revelando la historia en forma gradual, damos todo tipo de detalles e incidentes anecdóticos, formando la historia poco a poco y por último nos abrimos camino hacia el tema principal al final de la historia.

La comunicación entre Gary y yo ha mejorado mucho con los años, después que entendimos lo que cada uno necesita cuando hablamos. Cuando nos sentamos para hablar acerca de lo que hicimos en el día, le doy varios tópicos de información, para satisfacer su necesidad de saber desde el principio de qué estamos hablando. Después, sigo con los detalles hasta donde esté interesado. Pero cuando Gary se comunica conmigo, ha aprendido a darme todo tipo de información e incluye todos los temas secundarios que recuerda antes de decirme lo más importante. Ambos nos sentimos satisfechos con este tipo de comunicación.

Cuando nos ocupamos del conflicto, usamos el mismo enfoque. Digo algo por el estilo: «Gary, necesito conversar acerca de la manera en la que me hablaste esta mañana». Voy directo al grano, sin rodeos. Gary sabe cómo manejarlo porque se da cuenta de mis intenciones de inmediato. En general, responde: «Dime lo que te preocupa». Con eso comenzamos a hablar y a resolver el asunto. Pero si Gary se acerca a mí con la misma actitud directa, sabe que podría lastimarme. Por eso se inclina a llevarme con calma al tema diciendo algo así: «Barb, necesito hablar contigo sobre algo que me está molestando». Esta declaración me alerta de que tiene algo para decirme, pero también satisface mi necesidad de realizar un proceso en lugar de entrar directamente en el tema principal.

Ninguno de estos estilos de comunicación es correcto o incorrecto y ninguno es exclusivamente masculino o femenino. Hemos conocido a mujeres que prefieren atenerse a lo esencial y a hombres que disfrutan de los detalles. Lo esencial es entender las necesidades de tu cónyuge en la comunicación y darte a la tarea de satisfacerlas. Como con los otros principios en este capítulo, ponerlos en práctica mejorará la comunicación, y una mejor comunicación facilita la solución del conflicto.

SÉPTIMO PRINCIPIO: BUSCA EL PROBLEMA SUBYACENTE

«Ruth, no quiero ir a cenar a casa de tu madre. Tengo mucho trabajo que hacer en el jardín».

Si Ruth toma el comentario de Brent tal cual suena, parece bastante bueno. Es verdad que Brent tiene trabajo que hacer en el jardín. También es verdad que si va a casa de su suegra, no lo terminará. Pero como lo conoce bien, Ruth percibe que hay algo más que quiere decir detrás de sus palabras. El contexto la ayuda a percibir el problema subyacente en el comentario de su esposo. Cada vez que la familia de Ruth se reúne para las cenas los fines de semana, por lo general, suceden las mismas cosas. El padre de Ruth ataca con algo a su mamá y ella se queja de que se pasa el tiempo pegado a los deportes en la televisión. Ambos se quejan de que no ven a sus nietos lo suficiente. Cuando Brent y Ruth se van, los dos están frustrados por la atmósfera negativa. Ruth se ve atrapada en el medio, al querer defender a sus padres, y a la vez, al estar de acuerdo con Brent en que sus visitas, por lo general, son desagradables. Entiende que no quiera «echar a perder la tarde» ya que es el único tiempo que tiene para el trabajo en el jardín.

Entonces, ¿es válida la «excusa» de Brent acerca de la necesidad de trabajar en el jardín? Técnicamente, sí. Pero, ¿es toda la historia? No, y tanto Brent como Ruth lo saben. Brent trata de evitar una visita desagradable a casa de su familia política pero no puede decirlo directamente por temor a lastimar a Ruth. Al mismo tiempo, Ruth está frustrada porque Brent no admite el verdadero problema.

Es probable que toda pareja casada haya experimentado este tipo de tensión. Tu comunicación suena bien en la superficie pero percibes que tu cónyuge está evitando el problema fundamental.

Como en el caso de Brent, algunas veces, dos mensajes diferentes se envían de manera simultánea: uno oral y otro tácito. Por lo general, ¿cuál de los dos creemos? Así es, el mensaje tácito. A menudo, tratamos de decir algo sin declararlo directamente y también a menudo, el verdadero mensaje se pierde en la palabrería. Entonces un principio clave para la comunicación y la solución de conflictos es procurar entender el problema subyacente junto con tu cónyuge.

Cuando sientes que no está admitiendo el verdadero problema, tienes tres opciones.

En primer lugar, puedes ceder e ignorar el asunto y a tu cónyuge. Por ejemplo, Ruth podría decir: «Brent, si vas a cenar a casa de mis padres sólo esta vez, no te lo volveré a pedir». Gary y yo lo llamamos el enfoque de la «puerta trasera». Ruth intentará ganarse a Brent con zalamerías para salirse con la suya, mientras evade la verdadera razón que él tiene para quedarse en casa. Cuanto más evites ocuparte del problema principal, más tiempo sufrirás el dolor y el enojo del conflicto.

En segundo lugar, es posible que te veas tentado a actuar con prepotencia. «Brent, siempre hacemos lo que quieres. Pero el mundo no gira a tu alrededor. Iremos a cenar a casa de mis padres y se acabó». Pero un enfoque agresivo puede desencadenar un verdadero conflicto que sólo empeorará las cosas.

En tercer lugar, puedes abrir la puerta a la sanidad si enfrentas con amor el problema enterrado. Ruth podría haber dicho: «Sé que tienes trabajo que hacer en el jardín y aprecio la manera en la que lo cuidas. Pero también necesito pasar tiempo con mis padres. ¿Crees que tal vez los estés evitando a causa de los conflictos que hay en su casa?» Al usar este enfoque amable pero firme, Ruth declara su necesidad, afirma a Brent y pone en duda sus intenciones.

En realidad, es exactamente lo que hizo Ruth. Brent respondió: «Ruth, tienes razón. Es verdad que evito ir a ver a tus padres. Cuando estoy allí, me siento incómodo». Como respondió con franqueza y sinceridad, Ruth no tomó una actitud tan defensiva. Se comunicaron de manera efectiva y finalmente llegaron a una solución.

Brent y Ruth llegaron a la siguiente decisión: ir a cenar con ellos, pero sólo durante dos horas en lugar de las cuatro habituales. También enfrentaron con respeto a los padres de Ruth acerca de sus constantes discusiones. Su padre se mostró a la defensiva al principio, pero mientras Ruth y Brent afirmaban su amor hacia ellos, su padre comenzó a responder mejor. Su madre sospechaba que había un problema subyacente cuando Brent y Ruth los visitaban, así que se sintió aliviada cuando todo se aclaró. Además de que Brent y Ruth comenzaron a relacionarse mejor, esa visita aclaró las cosas entre todos.

Es probable que tu cónyuge valore tu disposición para ahondar en el tema con el fin de tratar cualquier problema que se encuentre debajo de la superficie de la comunicación. Este tipo de sinceridad es saludable para los dos. Es posible que haya cierta actitud defensiva, porque la confrontación a menudo crea ansiedad. Pero al ser directos en la comunicación, será más sencillo resolver los conflictos y evitar conflictos adicionales.

La solución de los conflictos se da con mayor facilidad cuando hay un compromiso mutuo para comunicarse con sinceridad en el matrimonio. La comunicación facilita el tratamiento de cada herida y cada ofensa. En el próximo capítulo, te enseñaremos técnicas específicas que necesitarás para enfrentar los conflictos.

11

Enfrenta tus conflictos

Dan y Marcy llevaban once años de novios y planeaban casarse en unas semanas. La pareja vino a verme para sus charlas prematrimoniales. Después de haber tratado los temas del «temor al compromiso», entramos en el área de la comunicación. Comencé a hablarles de ciertos temas importantes para parejas que comienzan su vida matrimonial. En el transcurso de la charla, pregunté:

—Cuando tienen un conflicto, ¿cómo lo manejan? ¿Se sacan de quicio? ¿Se alejan y se aíslan?

—Nunca hemos tenido un conflicto, Dr. Rosberg —dijo Dan. Mientras hablaba, Marcy asentía con la cabeza.

Supuse que no habían entendido la pregunta. Así que les volví a hacer la pregunta con claridad para saber qué hacían cuando estaban en desacuerdo acerca de algún tema.

—Doctor, no peleamos ni tenemos desacuerdos —reiteró Dan–. Nunca hemos tenido un conflicto, ¿no es cierto, mi amor?

Le dirigió a Marcy una de esas miradas tiernas que sólo suelen tener los enamorados. Marcy frunció su rostro con deleite, y apretó el brazo de Dan con dulzura.

—Es verdad, amor, nunca —susurró.

Bueno, como consejero profesional, estoy entrenado para no demostrar mi reacción ante lo que la gente me dice. Pero no pude evitar quedarme boquiabierto ante su afirmación.

—¿Quieren decir que nunca han tenido un desacuerdo? ¿Nunca una pelea? ¿Nunca les molestó algo que hizo el otro?

Si hubiera tenido un estetoscopio a mano, hubiera tratado de escuchar si sus corazones latían o no.

—Nunca —afirmaron enfáticamente.

—Bueno, ¡es la primera vez que me pasa esto! —exclamé con incredulidad—. Así que supongo que seguiremos con el próximo tema.

Examiné mis apuntes y continué.

—Uno de los ajustes que deben realizar los recién casados es determinar cómo pasar las festividades. El día de Acción de Gracias estará aquí en unas semanas. ¿Dónde lo pasarán?

La pregunta no había terminado de salir de mi boca cuando Dan y Marcy dijeron al unísono:

—¡En la casa de mis padres!

Cuando lo dijeron, se miraron perplejos.

—¡Bueno! —dije, aplaudiendo—. Supongo que podemos retroceder a la sección previa, ¡porque ahora tenemos un conflicto!

Dan, Marcy y yo nos hemos reído muchas veces desde entonces acerca de aquel episodio. No sólo superaron su «primer» conflicto, ya han superado muchos y su matrimonio sigue bien en la actualidad.

Los conflictos se dan en todos los matrimonios. En algún momento del conflicto, tú y tu cónyuge deben enfrentar el asunto de frente y resolverlo. Una vez que preparaste tu corazón, disipaste el enojo y agudizaste las técnicas para la comunicación, debes dar los pasos necesarios para enfrentar el conflicto y sanar las heridas. (Ver el diagrama en la figura 11.) No estamos hablando de que te subas al cuadrilátero con tu cónyuge para ver quién gana. Lo que queremos decir es que deben unirse para enfrentar los asuntos que generaron la ofensa, la herida y el enojo.

Barb comenzará por darnos algunos consejos para que enfrentes tus conflictos.

DESARMA EL CONFLICTO EN ORACIÓN

Cualquier conflicto entre tú y tu cónyuge es potencialmente explosivo. La combinación de agravios, heridas y distintos sentimientos, puede desencadenar un arranque violento de palabras hirientes y acciones que traen división. El primer paso para enfrentar tus conflictos es desactivar el potencial que pueda llegar a generar más dolor. Esto sólo se logra a través de la oración.

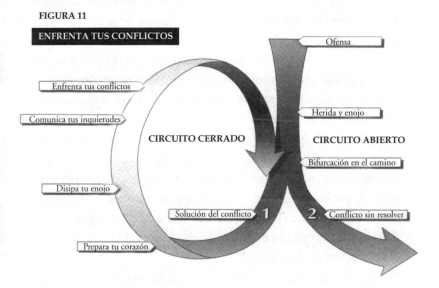

FIGURA 11
ENFRENTA TUS CONFLICTOS

Gary y yo contamos con más efectividad para resolver un conflicto cuando lo abordamos con un espíritu tierno y respetuoso. Es el tipo de actitud que desea con sinceridad resolverlo junto con Dios y con el otro. Así que cuando estamos listos para enfrentar un conflicto, uno de nosotros dice: «Oremos juntos primero». Allí estamos, armados para la batalla con un arsenal de armas verbales y emocionales a nuestra disposición. Pero tomamos la determinación de que nuestro matrimonio glorificará a Jesucristo. Entonces oramos y le pedimos a Jesús que forme parte del proceso. ¡Eso sí que es disipar el enojo y la polémica de un conflicto! La oración no sólo controla la llama del conflicto sino que también nos obliga a humillarnos delante de Dios y entre nosotros. Cuando oramos, admitimos que ninguno de nosotros tiene todas las respuestas y que debemos confiar en la sabiduría y la dirección de Dios. El apóstol Pablo nos alienta con firmeza que oremos en Colosenses 4:2: «Nunca se cansen de orar. Oren siempre. Aguarden las respuestas de Dios y no se olviden de dar gracias cuando lleguen».

El tener una mente alerta significa tener una actitud cautelosa y receptiva para aprender. No olvidarnos de dar gracias, significa reconocer no sólo que Dios nos regala la sanidad para nuestros corazones sino también que Él es el sanador. Cuando en un conflicto incluimos la oración, suceden cosas asombrosas. Dios comienza a traer restauración. Es glorificado y comenzamos a experimentar la sanidad.

¿Siempre tenemos *ganas* de orar en medio de un conflicto? De ninguna manera. Nuestro orgullo intenta convencernos de que podemos encontrar una solución sin Dios. Por cierto, tememos que si le pedimos a Dios que intervenga en la discusión, no obtendremos la justicia ni la venganza que buscamos. La única manera de desinflar el orgullo es humillarnos delante de Dios y abordar el conflicto en oración.

¿Cómo deberías orar mientras te preparas para enfrentar un conflicto? La siguiente es una oración sencilla que puedes hacer: «Señor Jesús, sólo tú puedes ablandarnos el corazón y ser el centro de nuestra discusión para que no seamos egoístas por el enojo y la frustración. Ayúdanos a resolver el conflicto. Ponemos este problema delante de ti y te pedimos que restaures nuestra relación. Amén».

La oración no sólo abre la puerta a las soluciones que agradan a Dios, sino que también le demuestra a tu cónyuge tu compromiso para resolver las cosas con el temor de Dios. La oración también puede acortar la discusión y ayudarte a llegar a una solución más rápidamente.

TRATA UN PROBLEMA A LA VEZ

Muchos intentos para resolver conflictos conyugales se desenvuelven de la siguiente manera: Mientras los cónyuges intentan resolver un problema, uno de ellos saca otro conflicto doloroso del pasado que no se resolvió. Para defenderse, el cónyuge atacado responde de manera similar y desentierra otro problema sepultado del pasado para agregarlo a la mezcla. En poco tiempo, la discusión inicial queda enterrada debajo de una pesada carga de conflictos que se remontan al principio de la relación y no se resuelve nada. El intercambio sería más o menos así:

—Mike, no me llevas nunca a ningún lado —se queja Val.

—¿Cómo que nunca te llevo a ningún lado? —se queja Mike—. Podríamos haber salido anoche pero me dejaste limpiando la cocina mientras mirabas la televisión.

—Bueno, tu papá siempre ayuda a tu mamá en la cocina—comenta Val—. Además, nunca levantas un plato a menos que te lo pida.

—Deja de fastidiarme —dice Mike—. Realmente lograste sacarme de quicio el sábado en la noche cuando criticaste mi manera de conducir delante de nuestros amigos.

Y así sigue la discusión. Cada queja se responde de la misma manera y se inflama la llama del conflicto hasta que se transforma en un fuego ardiente. Apilar ofensas de esta manera puede dañar seriamente la relación. Es importante concentrarse en un problema a la vez y resolverlo antes de continuar con otro.

Gary y yo hemos aprendido una manera maravillosa de ocuparnos de los problemas cuando tenemos varios conflictos. Cuando un segundo tema surge durante la discusión, el que lo reconoce primero dice: «Parece que ahora tenemos dos circuitos abiertos en la mesa. Cerremos el primero y luego retrocedamos para cerrar el otro circuito también, ¿de acuerdo?»

Como aprendieron Mike y Val, también es importante dejar que una persona hable a la vez, sin interrupción, mientras el otro hace un esfuerzo para entender lo que su cónyuge quiere decir.

Dos personas no pueden hablar al mismo tiempo y escucharse. Además, el tono del mensaje es vital para cerrar con éxito el circuito. Como dice Proverbios 12:18: «Hay quienes gustan de las palabras hirientes; pero las palabras del sabio alivian y sanan.»

QUÍTALE LAS REFERENCIAS PERSONALES AL PROBLEMA

Otra técnica que usamos Gary y yo cuando enfrentamos los conflictos es hacerlos impersonales. La clave para no tomar el conflicto de una manera personal es atacar el problema sin atacarnos entre nosotros.

El investigador especialista en matrimonios, John Gottman, informa que cuando se presentan cuatro elementos en tus discusiones conyugales, es posible que estén siguiendo un curso espiral que puede terminar en el divorcio. Cuando una conducta habitual de *crítica* te lleva a la actitud *defensiva*, a la *altivez* y por último al *retraimiento*, Gottman puede predecir un divorcio con más de un 90% de exactitud.[1] Para poder enfrentar los conflictos de manera efectiva, es necesario que se acerquen el uno al otro sin una actitud crítica.

La crítica es diferente de la queja. A veces es adecuado quejarse por algo que tu pareja dice o hace. Estos son algunos ejemplos de la queja:

- «Me molesta que dejes levantado el asiento del inodoro, Jim. Por favor, sé considerado y bájalo después de usar el inodoro».

- «Marian, es la segunda vez en la semana que llegas tarde a recoger a los niños de la escuela. Si crees que vas a llegar tarde, avísame para que pueda ayudarte».

La crítica es un ataque a la persona y no al problema. Estos son algunos ejemplos:

- «Eres un egoísta, Jim. Si tuvieras un poco de sentido común, pensarías en los demás y bajarías el asiento del inodoro».

🔖 «Lo echaste a perder otra vez, Marian. No puedo creer que no llames cuando te vas a demorar. Eres desconsiderada e irresponsable».

Uno de los errores más frecuentes que Gary y yo cometimos en los primeros años de matrimonio fue criticarnos mutuamente. Como resultado, aun cuando el conflicto había terminado y las cosas se habían enfriado, a menudo sentíamos que habíamos agregado combustible al fuego con nuestros arrebatos de crítica. Un incidente específico se transformó en el momento crucial para determinar la manera en que abordaríamos los conflictos. Dios le dio una revelación a Gary, así que lo voy a dejar que se las cuente.

Un día, en medio de un conflicto con Barb, me exasperé y anhelaba echarle la culpa de lo que estaba mal. De repente, me di cuenta de que la verdadera causa de mi frustración no era Barb sino algo que hacía. Entonces, la frase que ahora compartimos con miles de parejas me cruzó por la mente: mi cónyuge no es mi enemigo. Saqué un almohadón del sofá, lo arrojé al piso en medio de nosotros y dije: «Barb, ese almohadón representa nuestro problema. No eres el problema, no soy el problema. No eres mi enemiga, estamos en el mismo equipo. Ese almohadón es el problema. Trabajemos juntos para resolverlo».

Fue como si una enorme lámpara se nos encendiera a los dos: Necesitábamos tomar los problemas de una manera impersonal para unirnos y resolverlos en lugar de triturar el espíritu sensible del otro. Desde entonces, he usado esta técnica en mi consultorio. Ha ayudado a las parejas a enfrentar sus problemas mucho más que cualquier otra técnica. Nos la pasamos arrojando almohadones al piso. Funciona. ¡Pruébalo!

Barb tiene un consejo más para compartir antes de concluir el capítulo.

ABORDA EL ASUNTO CON AMABILIDAD

Otra manera de hacer que el conflicto sea impersonal y de neutralizar las armas de acusación verbal es usar la primera persona en lugar de la segunda. Como ilustraremos a continuación, las frases en segunda persona tienden a señalar con el dedo acusador a tu cónyuge y a menudo se usan para ganar la discusión.

- «¿Por qué criticas mi peso todo el tiempo?»
- «No deberías ponerte tan tenso por lo de tu padre».
- «Estás exagerando el problema».
- «Si manejaras las finanzas a mi manera, las cosas no estarían tan mal».
- «Me haces enloquecer de tal manera que gritaría».

¿Cómo te sentirías si tu cónyuge te sacudiera el dedo en la cara y dijera: «¡Estás actuando como un perfecto idiota!»? Es probable que te pusieras a la defensiva, listo para pelear, que te sintieras rechazado o no amado. ¿Te ayudan estos sentimientos a ocuparte del conflicto o te impulsan a defenderte o a rendirte? Las frases en segunda persona casi nunca alientan a la solución del conflicto y a menudo la frustran. Fíjate cómo las frases en primera persona quitan el aguijón acusador de los mismos problemas que ilustramos anteriormente.

- «Me desalienta que mi problema de peso se transforme en el tema de discusión tan a menudo».
- «¿Puedo ayudarte de alguna manera a resolver el enojo que sientes hacia tu padre?»
- «Creo que hay una manera más realista de ver este problema».
- «Me siento poco importante cuando no pides mi opinión acerca de la manera de manejar las finanzas».
- «En este momento, estoy muy enojada».

Otra manera de incorporar la amabilidad cuando enfrentas tus conflictos es evitar las exageraciones como *siempre* y *nunca*. Las frases exageradas en segunda persona sólo agregan combustible al conflicto. Este tipo de generalizaciones impulsan al oyente a adoptar una postura defensiva, la cual no conduce a la solución del conflicto. Por ejemplo, digamos que crees que tu cónyuge no apunta todas las transacciones en la libreta bancaria y la semana pasada se olvidó de transferir un dinero de los ahorros y le devolvieron un par de cheques sin fondo. ¿Cómo se sentiría si vinieras y le dijeras: «*Siempre* recargas la chequera»? Es probable que reaccione a la defensiva: «¿Qué quieres decir con *siempre*? ¡No es justo! Sólo sucedió dos veces».

Aquí es donde puede ayudar el uso de la primera persona: «Me frustra que sobregiremos la cuenta bancaria. Es necesario que nos ajustemos a nuestro presupuesto. ¿Cómo puedo ayudar?» De esta manera, trabajan juntos en el conflicto en lugar de intentar decidir quién gana o pierde. Al cambiar a la primera persona, evitamos concentrar el conflicto en el otro y podemos tratar mejor los problemas.

Gary les dará otro consejo para enfrentar sus conflictos, uno que se aplica a los hombres en particular.

BUSCA RESOLVER EN LUGAR DE REPARAR

No soy muy bueno para los arreglos de la casa (pregúntale a Barb y a nuestras dos hijas). Recuerdo cuando llevé a Sarah, que tenía trece años, a comprar una bicicleta nueva. Mientras mirábamos un modelo en particular, el vendedor trató de explicarnos lo sencillo que era quitar la rueda delantera. Lo hizo fácilmente y luego dijo: «Bien, Gary, ¿ahora sabes cómo hacerlo?»

Sarah puso los ojos en blanco, porque sabía que soy muy torpe para ese tipo de cosas. Sólo miré la rueda y dije: «Mike, me conoces. Soy consejero, no mecánico».

Pero cuando se trata de resolver conflictos en casa, soy como muchos otros hombres. Mi primera respuesta es abordar el problema para tratar de resolverlo corrigiendo lo que está mal o cambiando el comportamiento de alguien. Sin embargo, los arreglos rápidos pueden ponerte en serios aprietos, ya que tal vez tu cónyuge piense que él es el problema que quieres arreglar. A veces, tu cónyuge sólo necesita que lo escuches, que te identifiques con él, que le brindes apoyo o que demuestres que te importa.

¿Entonces cómo deberías actuar cuando no sabes qué hacer en el conflicto? Sencillamente, pregúntale a tu cónyuge qué necesita de ti. Nuestros amigos, Charles y Janet, nos comunicaron una alternativa saludable para «arreglar» un conflicto. El padre de Janet era ingeniero, su profesión era solucionar problemas. Mientras Janet crecía, ella y su padre tuvieron su cuota de conflictos y la solución de su padre era intentar arreglarlos, lo que llevaba a posteriores crisis en su comunicación.

Al darse cuenta de que este enfoque no resultaba, el padre de Janet cambió de enfoque. En lugar de aturdir a Janet con soluciones cuando había un conflicto, decía: «Janet, te amo profundamente y no quiero echar a perder las cosas contigo. ¿Qué necesitas de mi parte en este momento: mi apoyo o una solución?» Siempre daba resultado. Luego, cuando Janet se casó con Charles, él tuvo la sabiduría de seguir usando esta técnica excelente en su matrimonio.

Barb y yo hemos empleado esta técnica en nuestro matrimonio. A menudo, cuando viene con un conflicto o un problema, le pregunto sin rodeos: ¿Qué necesitas de mi parte: mi apoyo o una solución?» Te recomendamos este enfoque. La respuesta de tu cónyuge a esa pregunta sencilla probablemente te evitará muchas conjeturas y esfuerzos desperdiciados.

ESFUÉRZATE PARA LLEGAR A UNA DECISIÓN

En muchos conflictos, la solución sólo se logra cuando ambas partes toman una decisión con respecto a lo que hay que hacer. Es posible que en algunos conflictos no haga falta una decisión, porque ventilar el asunto y reconocer los sentimientos del otro puede ser suficiente. Pero al enfrentar tus conflictos, debes darte cuenta de que llegará un punto en el que tendrás que cambiar de dirección de alguna manera, como pareja o como individuo.

Una vez, Barb vino y me dijo: «Gary, creo que volviste a comprometerte más allá de tus posibilidades. A veces, demasiadas personas necesitan algo de ti y no queda mucho para nosotros en casa».

Sus palabras me golpearon como un mazo; tenía razón. Necesitaba escucharla. Me había comprometido a atender demasiadas consultas de asesoramiento y a dar demasiadas conferencias, y las dos cosas se dirigían contra mi vida hogareña. Esto tiende a ser una fuente recurrente de conflicto entre nosotros. Estoy tan ocupado ayudando a otros y alimentando mi propia necesidad de ministrar, que privo a Barb de mi tiempo y mi atención. Así que hablamos de eso abiertamente. Escuché la frustración de Barb por causa de mi apretada agenda. Es mi compañera de ministerio, y por más que me apoye, es la persona más eficiente que conozco para expresar sus necesidades. Barb también escuchó cuando le expresé mi frustración por sentirme incapaz de hacer todo aquello a lo que me sentía llamado. Oramos juntos y buscamos la dirección de Dios. Nuestra conversación trataba de desentrañar si siempre respondía al llamado de Dios para mi vida o si de alguna manera se mezclaba mi propio «llamado». Les dimos validez a las heridas y a las frustraciones mutuas.

Fue maravilloso sacar a la luz todas las cosas. Nos escuchamos y reconocimos los sentimientos que teníamos. Pero no era suficiente. En este caso, necesitábamos dar otro paso importante para cerrar el circuito. Necesitábamos hacer algunos cambios en mi agenda semanal. Así que consideramos las opciones y llegamos a una decisión satisfactoria.

Cuando enfrentas tus conflictos, sé consciente de que tal vez sea necesario tomar algunas decisiones. Cuando llegan a la etapa de tomar decisiones, las primeras preguntas que deben hacerse son: «¿Qué dice la Biblia con respecto a esta situación? ¿Hay una amonestación clara que debemos obedecer? ¿Cómo nos lleva eso al centro de la cuestión? No debemos preguntar ¿qué queremos hacer o qué piensan otras personas que deberíamos hacer?»

Pueden ser buenas preguntas pero son secundarias con respecto a lo que Dios dice. Pon de inmediato los principios de Dios sobre la mesa para poder acatarlos. Cuando tomas decisiones, es necesario que la Biblia esté por encima de tus otras opiniones. A veces, la Biblia no da instrucciones específicas acerca de determinado tema. Por ejemplo, tú y tu cónyuge discuten acerca de enviar a los niños a una escuela pública o a una escuela privada cristiana. Por más que busquen, no encontrarán un «así dice el Señor» que tome la decisión por ustedes. En esos momentos, necesitan buscar la sabiduría de Dios para tomar la mejor decisión en ese caso. Éstas son un par de sugerencias que te ayudarán a tomar decisiones y a resolver tus conflictos.

Examina varias opciones antes de tomar una decisión. No tengas una visión estrecha al tomar decisiones. Considera todas las posibilidades en lugar de abalanzarte sobre la primera, o la única, que ves. Analiza una diversidad de opciones con tu cónyuge. Invita a familiares o a amigos de confianza para que compartan sus conocimientos sobre el tema. Puedes estar encerrado en «la manera en la que siempre lo hacemos», de modo tal que no reconozcas o consideres una solución mejor.

Una vez que tengas algunas ideas viables, puedes «hacer la prueba» con una, para ver si funciona. El mejor enfoque es comenzar con la mejor opción, pero siempre permaneciendo abierto al cambio si no resulta ser la mejor.

Barb y yo hablamos de algunas opciones para reducir mis horarios de consultas. Decidimos que como cada vez teníamos más compromisos con nuestro programa radial y con las conferencias, era necesario disminuir las citas en el consultorio en forma proporcional. Había ido aumentando mis compromisos en ambas áreas y ésa era la causa del conflicto.

Acepta la idea de hacer las cosas desde otro punto de vista. ¿Cómo reaccionarías si tu cónyuge dijera algo así?: «Ya sabes, amor, tu idea es tan buena como la mía, o acaso mejor. ¿Por qué no tratamos de hacerlo a tu manera?» Si tu cónyuge tiende a ser un controlador, ¡ninguna otra declaración te producirá mayor sorpresa! Es una manera fantástica de resolver conflictos, pero rara vez sucede con tanta facilidad. En cambio, instintivamente queremos resolver las cosas como pensamos que es mejor.

Uno de los aspectos más importantes para resolver conflictos es, hasta donde sea posible, aceptar lo que tu cónyuge propone, ayudándolo a darse cuenta de que es más importante que el asunto en cuestión. Esto es en esencia lo que el apóstol Pablo quiso decir cuando escribió: «Así que sigan alentándose y edificándose mutuamente, como ya lo hacen». (1 Tesalonicenses 5:11). Debemos edificarnos y alentarnos como esposos, deleitándonos en la oportunidad de resolver un conflicto para el provecho de nuestro cónyuge. Tal vez tengas que tragarte el orgullo y renunciar al control. Pero cuando se comprometan a edificarse y a alentarse mutuamente, la recompensa hará que el sacrificio valga la pena.

Los alentamos como pareja a tener un enfoque frontal para enfrentar sus conflictos de modo que honren a su cónyuge por encima de todo lo demás. Este estilo sincero, directo y afectuoso incluirá sus pensamientos, sentimientos y necesidades en la etapa de toma de decisiones para la resolución del conflicto. Cuando eso ocurra, estarás listo para la siguiente etapa hacia la sanidad de la relación. Esta etapa es la más difícil para muchas parejas; sin embargo, es la que proporciona la mayor sanidad. Es el proceso del perdón y te acercará más a Dios y a tu cónyuge que cualquier otra cosa que puedas hacer.

12

Perdona a tu cónyuge

La siguiente historia está basada en hechos de la vida real, de una pareja real. Los nombres han sido cambiados y los detalles levemente adaptados en la ficción para proteger su anonimidad. Pero Gary y yo creemos que el serio conflicto que esta pareja experimentó ilustra la importancia del perdón para cerrar un circuito.

El teléfono sonaba cuando Katy entró a la casa al volver del trabajo. En el identificador de llamadas aparecía el nombre y el número del teléfono celular de su esposo. Walker se había ido esa mañana a otro de sus frecuentes viajes de negocios. Katy se sorprendió al tener noticias suyas tan pronto, porque en general no llamaba hasta tarde.

Levantó el auricular y dijo «hola», pero nadie contestó. Se escuchaban voces, así que volvió a decir «hola». Nadie le respondió. Escuchó con atención. Una de las voces apenas perceptibles que escuchó fue la de Walker. Katy se sonrió, al darse cuenta de que su esposo debió haber apretado la tecla de discado rápido por accidente y llamado a casa sin darse cuenta. El teléfono probablemente se encontraba en su chaqueta o en el maletín.

Curiosa por saber lo que Walker estaba haciendo, Katy decidió «escuchar a escondidas» durante algunos segundos. Se escuchaban ruidos de tránsito. Katy supuso que Walker estaba en un auto alquilado, camino a la cena con sus clientes. Al prestar más atención, pudo escuchar sólo otra voz, la voz de una mujer. Le sonaba familiar pero no podía identificarla. Luego comenzó a escuchar la conversación. Se le cortó la respiración: el intercambio entre Walker y la mujer era personal y hasta íntimo. Estaban hablando de hacer el amor... entre ellos. Katy se puso tensa y se mordió el labio. No cabía duda de lo que estaba sucediendo. La realidad la dobló como un feroz golpe en el estómago. Su esposo tenía una aventura amorosa.

Katy nunca se había imaginado la posibilidad de que Walker le fuera infiel. Eran cristianos desde hacía poco tiempo. Su vida anterior (que incluía comportamientos vergonzosos) había quedado atrás. O eso era lo que pensaba Katy. Luego, reconoció la voz de la mujer. Era Nan, la secretaria de Walker. Nan también estaba casada y las dos parejas habían salido a cenar juntas de vez en cuando. El hecho de que Walker estuviera involucrado con Nan, alguien a quien Katy conocía y apreciaba, hizo que el descubrimiento fuera aun peor. Aturdida y abatida, colgó el teléfono en silencio.

Dos días después, cuando Walker volvió a casa de su viaje, Katy, enojada, se enfrentó con él por lo que había escuchado en el teléfono. Expuesto y avergonzado, Walker admitió que hacía algunas semanas que tenía una aventura con Nan, y que compartían en secreto un cuarto de hotel en sus muchos viajes de negocios. Le pidió perdón por herirla y le aseguró su amor. Prometió romper su relación con Nan y le aseguró que la despedirían de la empresa. Cuando le pidió a Katy que lo perdonara, ella le contestó: «No creo que pueda, Walker. Es más, en este momento ni siquiera deseo hacerlo».

Unos días después, Walker confesó su vida secreta en el grupo de estudio bíblico semanal para hombres. Estaba quebrantado y arrepentido. Les pidió a los compañeros del grupo que lo perdonaran por vivir una mentira. Además, les pidió que oraran para que Katy lo perdonara algún día.

Esperamos que tú y tu cónyuge nunca experimenten la profundidad de la ofensa y la herida que Katy y Walker experimentaron.

Pero no importa cómo se hayan lastimado, el perdón es el paso clave para cerrar cada circuito de conflicto en el matrimonio.

El perdón es la parte fundamental del amor que perdona. Ya sea que sientas el aguijón de un comentario desagradable o el terrible golpe de la infidelidad, sin el perdón, quedarás atrapado en tu dolor y tu enojo. Sin el perdón, nunca experimentarás la paz de la reconciliación y el gozo de la restauración en tu matrimonio.

Es importante darse cuenta de que cerrar el circuito de la ofensa con el perdón, sólo es posible después de expresar las emociones de dolor y enojo. No sucede hasta que se prepara el corazón y las líneas de comunicación están abiertas. Es más probable que el perdón bíblico se dé en el contexto de los pasos para cerrar el circuito, de los que hablamos en los capítulos anteriores. (Ver el diagrama en la figura 12.)

En este capítulo, te contaré lo que *es* y lo que *no es* el verdadero perdón bíblico. Luego, Gary te enseñará los pasos necesarios para pedir y otorgar el perdón en la relación matrimonial.

FIGURA 12

PERDONA A TU CÓNYUGE

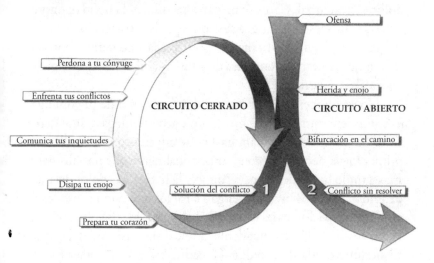

EL ASPECTO DEL PERDÓN

La llamada telefónica de Walker —que nunca tuvo intención de hacer— destrozó a Katy. Se sintió traicionada, deshecha, desconsolada. La infidelidad de Walker fue peor que si le hubieran clavado un puñal en el corazón. Su amor por él había sufrido una herida mortal. Se preguntaba si alguna vez podría recuperarse... e incluso si valía la pena intentarlo. Al principio sólo veía una salida: el divorcio.

Tal vez hayas sentido el dolor del puñal de la traición y de la infidelidad en el corazón. Es muy probable que las ofensas que sufriste no sean tan traumáticas y no amenacen la vida de tu matrimonio. Pero aun así, cortan, hieren y lastiman. La sanidad y la restauración vienen a través del perdón bíblico. Los siguientes elementos nos muestran con claridad el aspecto del estilo de perdón de Dios.

El perdón reconoce el dolor

Algunas personas piensan que el perdón significa aparentar que la ofensa no dolió, o que no dolió demasiado. Pueden pensar que las acciones de sus cónyuges fueron sin mala intención y que su dolor es irracional. Otros se niegan a reconocer la herida porque no están dispuestos a darles a sus cónyuges la satisfacción de saber que la ofensa ha dejado su marca. Y otros callan sus heridas porque temen que su transparencia les dé a sus cónyuges las municiones para volver a herirlos.

No reconocer el dolor que produce la ofensa de tu cónyuge es como tener un dolor de muelas mientras te niegas a ir al dentista. La herida no se sanará hasta que admitas que está allí. En primer lugar, debemos reconocer personalmente que nos hirieron. En segundo lugar, debemos reconocer la herida y el dolor delante de Dios. Jesús nos invita: «Vengan a mí los que estén cansados y afligidos y yo los haré descansar» (Mateo 11:28). El apóstol Pedro instruye: «Encomiéndenle [a Dios] sus ansiedades, porque Él siempre cuida de ustedes» (1 Pedro 5:7). Y en tercer lugar, debemos admitirle a nuestro cónyuge que la ofensa nos causó dolor. Una actitud franca con respecto a tu dolor puede darle a tu cónyuge el impulso que necesita para comenzar a buscar la sanidad.

Katy estaba muy consciente de su dolor. Durante el enfrentamiento, le dijo todo lo que pensaba a Walker sin reparos, con términos que no dejaron lugar a duda de que su infidelidad la había herido profundamente, tal vez de manera irreparable. Al reconocer que estaba herida, Katy estaba en el lugar exacto para practicar el perdón.

El perdón libera a la ofensa y al ofensor

Cuando tienes una astilla grande en el dedo, no la proteges para evitar que salga. En cambio, te apresuras a buscar una pinza para quitarla. Si no logras sacártela en ese momento y desinfectar la herida, corres riesgo de infección.

De manera similar, cuando estás herido por la ofensa de tu cónyuge, es importante saber desprenderte de ella. Para llegar al punto de poder liberar a la ofensa y al ofensor se necesitará algún tiempo. Es necesario hacer y responder algunas preguntas con sinceridad. Es necesario experimentar y expresar los sentimientos con sinceridad. Tal vez pierdas un poco de sueño y dejes pasar algunas comidas durante ese proceso. Abundarán las distracciones; y aun así, a su tiempo, necesitarás desprenderte de la ofensa. ¿Acaso se lo merece tu cónyuge, que te ofendió? Tal vez no. ¿Es fácil? No, es desgarrador. ¿Lo harás sin dificultades? No, hay recaídas. Pero si no liberas conscientemente a tu cónyuge de la ofensa, el dolor sólo aumentará.

Liberar a tu cónyuge significa elegir *no* castigarlo, *no* buscar venganza (secreta o abiertamente) y *no* demandar retribución por lo que ha hecho. Al decidir liberar a tu cónyuge de la ofensa, sigues el ejemplo de perdón de Dios. El apóstol Pablo explicó: «En otras palabras, Dios ha dado al mundo la oportunidad de reconciliarse con Él por medio de Cristo, no tomando en cuenta los pecados del hombre sino borrándolos» (2 Corintios 5:19).

Jesús nos llama a ser personas que perdonan. Ilustró este principio en la parábola del siervo malvado, que se encuentra en Mateo 18. Jesús describió a un siervo que debía millones de dólares al rey, el cual le demostró misericordia y le perdonó la enorme deuda. Pero a la vez, el siervo que había sido perdonado presionó a un consiervo para que le pagara unos pocos dólares que le debía. Cuando el hombre no pudo pagar, el siervo con el corazón endurecido lo mandó a la prisión.

Cuando el rey escuchó lo que había sucedido, mandó también a la prisión al siervo que no perdonó. Jesús concluyó: «Así hará mi Padre celestial al que se niegue a perdonar a algún hermano» (Mateo 18:35). Cuando Jesús dice «perdonar a algún hermano», entendemos que está hablando de que seamos la clase de persona que perdona en todas sus relaciones, y tu matrimonio es la primera en la lista.

Katy ha luchado con este asunto del perdón. Walker se arrepintió, como había prometido. Nan salió de su vida para siempre y él ha hecho todo lo posible para probarle a Katy su amor. Las cosas van bien por unas semanas, pero a menudo la tentación de Katy de recordarle lo que ha hecho se asoma y entonces saca a relucir el pecado de su esposo y lo usa en su contra. No lo olvida, y su renuencia ha parado en seco la restauración de su matrimonio. Como consejeros, entendemos el profundo dolor que ella experimenta. Pero también sabemos que hasta que no suelte a Walker delante de Dios, todos los esfuerzos de restauración se verán saboteados.

Recibirás una recompensa tremenda cuando liberes a tu cónyuge, y los dos saldrán beneficiados. En su excelente libro *Forgive and Forget*, el psicólogo Lewis Smedes escribió: «Cuando liberas del mal al pecador, extirpas un tumor maligno de tu vida interior. Liberas a un prisionero y descubres que el verdadero prisionero eras tú».[1] Si no dejas atrás la ofensa de tu cónyuge, te dañarás tanto como lo dañas a él.

El perdón renuncia al resentimiento

Renunciar al resentimiento es parte de liberar a tu cónyuge. El resentimiento es un monstruo interno que ruge sugerencias de odio como: «Toma venganza» o «Nunca te olvides de lo que te hizo» o «No merece tu perdón» o «Nunca cambiará». El resentimiento ocupa una gran parte en la dificultad que Katy tiene para poder liberar a Walker de la responsabilidad de su aventura. Siempre que él da algunos pasos positivos en su relación, en lugar de acercarse a Walker, Katy piensa en su traición y se aleja. Para dejar atrás la ofensa, debes dejar atrás el resentimiento.

A Gary y a mí no se nos ocurre un mejor ejemplo de renuncia al resentimiento, que el de José en el Antiguo Testamento. Génesis 37-50, cuenta cómo los hermanos celosos de José lo vendieron cruelmente como esclavo. Sin embargo, Dios usó ese acto de maldad para bien y al final ubicó a José en un lugar de poder en Egipto.

Más adelante, los hermanos de José viajaron a Egipto durante una hambruna en búsqueda de comida. Llegaron ante José sin saber quién era. Pero José los reconoció y podría haberse vengado por todo lo que le habían hecho. Pero ya hacía mucho tiempo que había liberado a sus hermanos de su ofensa y que había renunciado a todo resentimiento. Entonces, los perdonó con sinceridad y proveyó para que todos tuvieran una vida segura. El resentimiento alimenta al enojo y mantiene el circuito abierto. Afecta nuestro entendimiento, debilita la sanidad de nuestros corazones y destruye la obra de un Dios misericordioso en nuestras vidas.

El perdón es un acto de gracia

Ya hace dos años que Katy y Walker repiten el mismo ciclo. Walker le reafirma su amor y su compromiso renovado de fidelidad. Se acercan, y esto alienta a Walker a pensar que ella ha renunciado a sus pensamientos de divorcio. Luego, algo le recuerda a Katy lo que él hizo, retorciendo el puñal del dolor en su corazón. Se aleja otra vez, diciendo cosas como: «Simplemente no puedo superarlo. ¡Qué terrible fue lo que hiciste! Tal vez debería irme».

Entonces, Walker repite su conocido monólogo: «Katy, admito claramente que lo que hice estuvo mal. Soy culpable y no hay manera de borrarlo o de que pueda recompensarte por la herida que te causé. Sé que tu dolor es la consecuencia de mi pecado. Le he pedido perdón a Dios y me ha perdonado. Te ruego que me perdones también».

Durante algunas semanas, su vida es relativamente normal, luego el ciclo comienza otra vez. Haga lo que haga, Walker no puede convencer a Katy para que lo perdone. Hasta ahora, ella no ha sido capaz de mirar más allá de la ofensa y decir: «Te perdono».

El perdón es, en esencia, un acto de gracia, un regalo de amor. No puedes trabajar para obtener gracia. No puedes ganártela por destreza propia. No puedes perfeccionar tu manera de actuar para merecerla. La gracia es simplemente un regalo.

La Biblia nos instruye: «Sean bondadosos entre ustedes, compasivos, perdonándose las faltas que unos contra otros puedan cometer, de la misma manera que Dios nos perdonó en Cristo» (Efesios 4:32). ¿Cómo nos perdonó Dios? ¿Nos lo ganamos? ¿Murió Jesús en la cruz porque hicimos algo para merecer tal sacrificio? No, el perdón de Dios es un regalo de gracia. Y es así como Dios espera que perdonemos a nuestros cónyuges y a otros; no porque hayan acumulado puntos por buena conducta, sino porque elegimos otorgar el perdón como un regalo. El teólogo F. F. Bruce escribió: «La gracia gratuita del amor perdonador del Padre es el modelo para que sus hijos perdonen a otros».[2]

Perdonar significa darle a tu cónyuge una segunda oportunidad, no porque se lo merezca sino porque eliges ofrecerle tu gracia como Dios te ha ofrecido su gracia a ti. Perdonar también significa darle a tu cónyuge una tercera oportunidad, una cuarta oportunidad, y así sucesivamente. Una vez, el discípulo Pedro le preguntó a Jesús: «—Señor, ¿cuántas veces debo perdonar a un hermano que haga algo malo contra mí? ¿Debo perdonarlo siete veces?

—¡No! —respondió Jesús—, ¡perdónalo hasta setenta veces siete si es necesario!» (Mateo 18:21-22). La provisión de perdón en tu matrimonio no debería acabarse nunca.

LO QUE NO ES PERDÓN: SEIS MITOS ACERCA DEL PERDÓN

Los que hacen avisos publicitarios saben que si repites una mentira lo suficiente, la gente comenzará a creerla. Al escuchar la mentira de manera tan frecuente, suponen que debe ser verdad. Desdichadamente, algunas mentiras acerca del perdón (las llamamos mitos) se han arraigado en la sociedad. La gente las cree porque las escuchan con demasiada frecuencia. Para que puedas avanzar hacia el amor que perdona, debes despejar esas mentiras del camino y encontrar la verdad que está detrás de ellas.

Primer mito: Cuando perdono, también debo olvidar

¿Cuán a menudo has escuchado a alguien decir: «Sé que no lo he perdonado porque no olvido lo que me hizo»? La idea de que tienes que olvidar para poder perdonar es un mito. Lewis Smedes, autor de *Forgive and Forget,* e interesado en la ética, escribió:

> Cuando perdonamos a alguien, no olvidamos el acto doloroso, como si el olvido viniera en el mismo paquete del perdón, como el violín viene con las cuerdas. Comienza con lo básico. Si olvidas, no perdonarás en absoluto. Nunca puedes perdonar a las personas por cosas de las que te has olvidado. Necesitas perdonar precisamente porque no has olvidado lo que alguien te ha hecho; el dolor se mantiene vivo en tu memoria mucho después de que la herida en sí haya pasado. Los recuerdos son tu almacén de dolor. Son la razón principal por la cual necesitas ser sanado.[3]

Gary y yo no creemos que Dios espera que olvidemos el dolor en nuestras vidas. Al contrario, como lo recordamos, podemos valorar las lecciones que aprendemos de él. Los recuerdos también nos ayudan a evitar la repetición de algunos errores dolorosos.

Cuando Jill nos llamó a nuestro programa radial, estaba luchando con este asunto del perdón. Dijo: «No puedo olvidar lo que Rich me hizo. Pasa una y otra vez por mi cabeza». Continuó y nos explicó cómo su esposo la había ofendido en repetidas ocasiones. Estaba ausente de su casa entre quince y dieciocho horas diarias, no sólo por trabajo sino también para jugar al golf. Cuando estaba en casa, estaba emocionalmente ausente o actuaba de manera hostil. Alejaba a los hijos y se separaba emocionalmente de ella. Jill y Rich no se habían sentado a hablar durante meses. Estaba atrapada y se estaba llenando de amargura.

«La Biblia dice que Dios perdona y olvida nuestro pecado», dijo Jill. «Pero yo no puedo olvidar, así que no debo haberlo perdonado».

«Sí, Dios perdona y olvida nuestro pecado, Jill. Ésa es la promesa de Jeremías 31:34», dijo Gary. «Pero no eres Dios. No tienes el poder de olvidar como lo hace Él». Cuando Jill comenzó a incorporar el hecho de que el perdón es independiente del olvido, comenzó a tener la esperanza de resolver el dolor en su corazón.

¿Cómo resolvemos el dolor de las ofensas que no podemos olvidar? Comienza por reconocer que no es necesario que olvides. Somos llamados a recordar sin condenación. El apóstol Pablo escribió: «Así que a los que pertenecen a Jesucristo ya no les espera ninguna condenación» (Romanos 8:1). Dios ha perdonado nuestro pecado y ya no nos condena. Debemos perdonar a nuestros cónyuges de la misma manera, aun cuando no podamos olvidar la ofensa. Al hacerlo, puedes pedirle a Dios que alivie tu dolor. Esto te libra de la responsabilidad de tener que olvidar que tu cónyuge te lastimó.

Tu dolor también disminuirá cuando te concentres en los aspectos más positivos y alegres de tu matrimonio. Dios puede ayudarte a generar nuevos recuerdos que saquen del primer plano a los malos recuerdos y que te ayuden a renovar la relación.

También es importante que crezcas en tu relación con Jesús, que busques en Él instrucción y consuelo para tu dolor. Pregúntate: ¿Qué me está enseñando Dios en estos tiempos de dificultad? ¿Estoy encontrando el equilibrio entre ocuparme de mis recuerdos dolorosos y buscar una interacción positiva con mi cónyuge?

Segundo mito: El dolor es demasiado intenso, me resulta imposible perdonar

¿Alguna vez en el matrimonio te hirieron tan profundamente que estabas seguro de que nunca podrías perdonar? Katy se ha mantenido fiel a este mito durante un par de años. Gary y yo hablamos con muchas otras mujeres (y también con algunos hombres) que están tan heridas y enojadas por la infidelidad, la crueldad o el abuso de sus cónyuges, que el perdón les parece tan imposible como escalar el monte Everest descalzas. Al igual que Katy, no *quieren* perdonar en ese momento.

Puede ser difícil perdonar, pero nunca es imposible con la fuerza de Dios. Dios nunca te pediría algo que no puedes hacer. Aun cuando la última cosa que quieras hacer (o creas que puedes hacer) sea perdonar a tu cónyuge, Dios puede ayudarte a hacerlo. De hecho, cuanto más imposible te parece el perdón, más necesitas apoyarte en Jesús para hallar su paz, su compasión y su fuerza. Al hacerlo, Dios te ayudará a liberar a tu cónyuge de su ofensa y a comenzar a sanar tu profundo dolor.

Tercer mito: Como no quiero perdonar, mi perdón no puede ser genuino

Gary y yo ayudamos a los cónyuges a perdonar durante las conferencias que tenemos por todo el país y en nuestro programa radial diario. Sin embargo, después de todo lo que hemos aprendido y enseñado acerca del perdón, cada vez que tenemos un conflicto, ninguno de nosotros tiene ganas de perdonar; pero el perdón no tiene nada que ver con los sentimientos. Perdonar a tu cónyuge es una elección, un acto de la voluntad. Si esperas a sentir las ganas de perdonar, es muy probable que nunca perdones. Los sentimientos son los precursores de los pensamientos. Los sentimientos no pueden pensar, sólo pueden sentir y no se puede confiar en ellos como un elemento principal para tomar la decisión de perdonar. El perdón es lo correcto, ya sea que lo sientas o no. Si esperas a sentirlo, les estás dando más oportunidad al resentimiento y a la amargura para que se desarrollen en tu corazón.

La decisión deliberada de perdonar va más allá de tus sentimientos pero no los niega. Está bien admitir que estás lastimado, enojado o desilusionado y de todas maneras decir: «Te perdono». Además, cuando no sientes ganas de perdonar, necesitas pedirle a Dios la fuerza para entrar en este proceso de todas maneras. Si lo buscas con sinceridad, Él te dará el poder para que perdones.

Cuarto mito: No puedo perdonar hasta que mi cónyuge me lo pida
A menudo, nos preguntamos: «¿Qué sucede si mi cónyuge no quiere hablar del asunto conmigo y no quiere cerrar el circuito? ¿Puedo perdonar de todas maneras?» Sí, aun cuando no puedes obligar a tu cónyuge a que haga lo que debería hacer, puedes cumplir con la parte que te toca. El apóstol Pablo escribió: «Procura en lo que te sea posible estar en paz con todo el mundo» (Romanos 12:18).

Aun así, ¿deberías intentar alentar a tu cónyuge en dirección al perdón y a la restauración? Sin duda. Si la herida es importante, puede resultarte fácil usar la resistencia de tu cónyuge como una excusa para posponer la idea de cerrar el circuito. Pero aun en el caso de que la falta de voluntad de tu cónyuge haga que el proceso sea más difícil, puedes seguir adelante, haciendo que tus intenciones sean claras y permaneciendo dispuesto a examinar los problemas. Mientras tanto, ora para que Dios te dé revelación y guía para relacionarte con tu cónyuge durante este conflicto.

Quinto mito: Para perdonar, debo hacerme la idea de que no pasó nada malo
Algunas personas tratan de minimizar o negar la ofensa de su cónyuge, con la esperanza de que les permita perdonar. ¡No es

una buena idea! El perdón no es un ejercicio para intentar hacer desaparecer la ofensa. Al contrario, para conceder el perdón es necesario que enfrentemos la realidad de que algo doloroso *sucedió*. Si nada hubiera sucedido, no habría nada que perdonar. Tratar de minimizar la ofensa solamente hace que la libertad del perdón sea más difícil de alcanzar. Además, el verdadero perdón nace al suponer que la ofensa no dolió. En cambio, el verdadero perdón reconoce lo que realmente sucedió y lo que dolió, luego elige dejar atrás la ofensa. El perdón dice: «Sé lo que hiciste y realmente me dolió. Pero aun así elijo perdonarte».

De hecho, Gary y yo recomendamos que las parejas revisen la herida periódicamente durante el proceso de sanidad. Puede sonar ilógico destapar viejas heridas cuando estás tratando de sanarlas. Pero esa ofensa es parte de su historia y no pueden evitar hablar de ella como si no hubiera pasado. Examinen el problema de vez en cuando y aliéntense mutuamente con lo que Dios les ha enseñado. Puede ser doloroso hacerlo, pero esta actividad puede ayudar al proceso de sanidad.

Otro problema que tienen las personas con el perdón es suponer que restaura automáticamente la confianza en sus cónyuges después de la ofensa. Llevado al extremo, este punto de vista implicaría que Katy debería perdonar a Walker por su infidelidad y luego debería alentarlo a salir a otro viaje de negocios con Nan. Pero el perdón y la confianza son dos conceptos totalmente diferentes. El perdón es un regalo que se otorga gratuitamente. La confianza se gana. Es posible que perdones a tu cónyuge por su ofensa en determinada área, pero puede llevarte algún tiempo volver a confiar en él en esa misma área.

Recuperar la confianza es una parte tan importante para cerrar el circuito, que le hemos dedicado el capítulo final.

Sexto mito: Si no perdono en el momento, mi perdón no sirve

Sí, Efesios 4:26 amonesta: «¡Jamás se ponga el sol sobre su enojo!» Pero Gary y yo no creemos que este versículo de la Biblia sea una fórmula para la cantidad de tiempo que nos debería llevar conceder el perdón. La Biblia nos instruye a que restauremos una relación deshecha con nuestro cónyuge y deja en claro que no deberíamos dejar que el enojo se profundice en nuestros corazones. Sin embargo, el perdón es un acto de la voluntad y puede llevar algún tiempo para que llegues al punto en el que seas capaz de concederlo. El apurarse a perdonar como si tuviéramos un límite de tiempo, resulta en lo que llamamos «el perdón barato». No es genuino y dificulta la verdadera sanidad.

Recuerda: Conceder el perdón es un proceso. Necesitas preparar el corazón, ocuparte del enojo y hablar acerca del conflicto y de la ofensa con tu cónyuge. Luego, necesitas dar los pasos del perdón, los cuales Gary explicará brevemente en la próxima sección. Todo esto lleva tiempo. Si la ofensa es menor, el proceso del perdón puede llevar menos tiempo. Pero si la ofensa es importante, como en el conflicto entre Katy y Walker, debes estar preparado para un proceso más largo. El error consiste en negarse a comenzar el proceso.

CÓMO SE PRODUCE EL PERDÓN: SEIS ELEMENTOS PARA UN PERDÓN COMPLETO

¿Quién se supone que debe iniciar el proceso del perdón en una relación matrimonial: el ofensor o el ofendido? Barb y yo no creemos que eso sea realmente importante. Ambos son responsables de disipar los conflictos dando comienzo al perdón. Si tu cónyuge te ofende y te niegas a resolver el conflicto hasta que dé el primer paso, es probable que esperes un buen tiempo. De la misma manera, si tu cónyuge juega de acuerdo con las mismas reglas, piensa en toda la intimidad que perderás al esperar que el otro se rinda.

Barb y yo aceptamos el rol de ser pacificadores en nuestro matrimonio con la misma responsabilidad. Lo ideal sería que cualquiera que reconozca primero el conflicto, sea el encargado de sacarlo a luz e iniciar el proceso del perdón, sin importar de quién sea la culpa. Por lo general, si uno de nosotros siente fricción, debe ser el que enfrente al otro en cuanto al problema en cuestión. Uso las palabras «sería ideal» y «por lo general» porque, de la misma manera que sucede en tu casa, a veces, Barb y yo nos resistimos a iniciar el perdón debido al dolor, al enojo o al orgullo. Por eso es importante tener la misma cantidad de responsabilidad en el tema. Como los dos nos comprometemos a buscar la paz, si uno es un poco lento para dar el primer paso, el otro hace lo que está de su parte. Esto asegura prácticamente que el conflicto se resolverá pronto y no a largo plazo.

Lo llamamos el proceso del «perdón completo». En cualquier ofensa, alguien ofende y alguien es ofendido. Por supuesto, esto no se puede dar por sentado. En muchos conflictos, los dos se ofenden en cierto grado. Por ejemplo, tu cónyuge te lastima con un comentario crítico, entonces le respondes diciendo algo hiriente, o te olvidas de comprar el regalo de cumpleaños de tu cónyuge, y para vengarse, te da la espalda durante dos días.

En el caso de cada ofensa, el perdón completo requiere que los dos hagan su parte, tanto el ofendido como el ofensor. Hemos representado esta actividad con las siguientes seis declaraciones para cerrar el circuito con perdón:

1. Me equivoqué.
2. Lo lamento.
3. No quiero volver a herirte de esta manera.
4. ¿Me perdonas?
5. Te perdono y cierro el circuito en cuanto a este problema.
6. Te perdono por...

Las primeras cuatro declaraciones son para *pedir* perdón, las dos últimas son para *otorgarlo*. Durante el transcurso de su relación, tendrán muchas oportunidades para experimentar ambos lados del proceso. Si siguen estas pautas, no en forma mecánica o por obligación, sino con sensibilidad y compasión, podrán experimentar la sanidad en cualquier conflicto, grande o pequeño.

Cuando pedimos perdón

Primera declaración: Me equivoqué. Volvamos al conflicto importante entre Katy y Walker. Cuando Katy descubrió la aventura de Walker con Nan, su compañera de trabajo, explotó con dolor y enojo. Walker falló totalmente al hacer lo que hizo. Además, quién sabe cuánto tiempo hubiera seguido involucrado con Nan en secreto si su teléfono celular no lo hubiera traicionado. Pero una vez que Katy lo descubrió, Walker por lo menos hizo lo correcto. Le dijo todo a su esposa: «Katy, me equivoqué». La confesión es el elemento fundamental en el proceso de la búsqueda del perdón.

Admitir la conducta equivocada pone en marcha el proceso del perdón completo. No es importante cuál de los dos señala la ofensa. El enfoque hubiera sido el mismo si Walker hubiera tenido que venir a Katy para confesarle su aventura antes de que ella lo descubriera. La clave es que la parte ofensora diga categóricamente: «Lo que hice estuvo mal».

En esta etapa, es posible que te veas tentado a librarte de la responsabilidad con un simple: «Me equivoqué». Las siguientes declaraciones *suenan* como si se admitiera el error, pero observa cómo no son suficientes: «Bueno, si crees que hice algo malo, hablemos al respecto»; «No creo que lo que hice fuera tan grave, pero como tú sí lo crees, hablemos». Debes enfrentar la ofensa por lo que es. Puedes decir algo así: «Estoy equivocado», «Lo que te hice estuvo mal», «Me equivoqué y necesito hablar contigo acerca de lo que hice para ofenderte».

Segunda declaración: Lo lamento. Admitir simplemente el mal comportamiento no es suficiente. Una vez que determinas la naturaleza de lo que dijiste o hiciste, necesitas expresar cómo te sientes al respecto. ¿Lamentas haber herido a tu cónyuge? ¡Claro que sí! Necesitas expresar esa tristeza.

Las dos cosas, admitir que hiciste algo mal y expresar tu tristeza, le transmiten a tu cónyuge tu sinceridad para solucionar las cosas.

El apóstol Pablo entendió lo que significa expresar la tristeza. Escribió: «Ahora me alegro de haberla enviado [una carta de corrección], no porque les dolió sino porque aquel dolor los condujo al arrepentimiento. El dolor que sintieron es el que Dios desea que su pueblo sienta, y por lo tanto no les hice daño. Dios a veces permite que nos vengan tristezas para impulsarnos a apartarnos del pecado y procurar la vida eterna. Jamás debemos quejarnos de estas tristezas, pues no son como las del que no es cristiano. Las tristezas del que no es cristiano no lo conducen al verdadero arrepentimiento y no lo libran de la muerte eterna» (2 Corintios 7:9-10).

La expresión de arrepentimiento y tristeza es saludable cuando conduce a la sanidad en la relación con tu cónyuge y con Dios. También conduce a la empatía y a una verdadera sensación de restauración. La empatía implica ver el asunto desde la perspectiva de tu cónyuge, ponerte en su lugar. Tu empatía disminuirá la distancia entre tú y tu cónyuge herido, permitiendo que caigan los escudos defensivos y que comience la comunicación sincera. Tu empatía le permitirá sentirse escuchado y cuidado.

Tercera declaración: *No quiero volver a herirte de esta manera.* «Katy, sé que te herí profundamente», dijo Walker en su confesión. «Pude ver el dolor en tus ojos cuando me contaste lo que escuchaste por el teléfono celular. No puedo explicarte lo triste que me siento por la manera en la que te lastimé. Nunca quiero volver a causarte semejante dolor».

Walker admitió dos cosas importantes en esta declaración. Primero, admitió el dolor que le había causado a su esposa. Sintió dolor al ver el profundo dolor de ella y lo admitió abiertamente. Tu cónyuge necesita saber que sientes parte del dolor que tu ofensa le causó.

Segundo, Walker expresó arrepentimiento cuando declaró su intención de no volver a lastimar a Katy de esa manera. Admitir el mal comportamiento y expresar la tristeza sin indicar el deseo de cambiar, hace que el perdón quede incompleto. Tu arrepentimiento le dice a tu cónyuge que deseas no hacer jamás las cosas que lo hirieron.

El verdadero arrepentimiento requiere un cambio en el corazón y la mente. Va más allá de decir «lo siento» y cambia tu comportamiento hiriente y la clase de tus ofensas. Buscar el perdón sin prometer arrepentimiento no tiene sentido. Sería como si Walker dijera: «Siento haberte herido, Katy. A propósito, el próximo fin de semana Nan y yo iremos a un viaje de negocios». Solamente cuando te comprometes a alejarte de tu comportamiento hiriente puede tener lugar la verdadera sanidad.

Ésta es la misma respuesta que Dios busca de nuestra parte con relación a nuestra conducta pecaminosa. Cuando confesamos nuestro pecado, Él perdona amablemente (ver 1 Juan 1:9). Sin embargo, espera que salgamos del mismo rumbo pecaminoso. Quiere que cambiemos de rumbo. El apóstol Pablo desafía a los creyentes: «Bueno, ¿seguiremos pecando entonces para que Dios pueda seguir mostrando cada vez más misericordia y perdón? ¡Por supuesto que no! ¿Seguiremos pecando ahora que no tenemos que hacerlo? El poder que ejercía el pecado en nosotros quedó roto cuando nos hicimos cristianos» (Romanos 6:1-2).

El perdón de Dios es gratuito y siempre está disponible, pero le quitamos valor cuando no nos alejamos del mismo comportamiento por el cual pedimos perdón. De manera similar, menosprecias el precioso regalo del perdón de tu cónyuge si no abandonas el comportamiento que lo hirió.

Cuarta declaración: ¿Me perdonas? Una vez que Walker le confesó su pecado a Katy, le expresó su tristeza y se comprometió a arrepentirse, tuvo que llegar a un punto crítico. Debía pedirle perdón a su esposa por su infidelidad. Fue una de las cosas más difíciles que ha hecho en su vida.

Esta pregunta clave, «¿Me perdonas?», lleva al proceso del perdón completo al punto culminante. Es el mejor exponente del amor que perdona, la expresión máxima de humildad e intimidad en el matrimonio. Nunca eres más vulnerable ante tu cónyuge como cuando le pides eso. Implica ponerte a sus pies como un siervo que busca recibir un favor inmerecido. Al hacer esta pregunta, le abres la puerta de par en par al perdón absoluto.

Si omites alguno de estos cuatro elementos cuando pides perdón, corres el riesgo de dejar el conflicto sin resolver. Demasiado a menudo, pasamos directamente al elemento final y pedimos perdón sin dar ninguna demostración de comprensión, remordimiento o arrepentimiento. Este es el perdón barato y crea inseguridad en tu cónyuge para responder. Es muy importante que des los cuatro pasos al acercarte a tu cónyuge en busca de perdón.

Cuando otorgamos el perdón

Cuando tu cónyuge viene en busca de tu perdón, puedes participar del perdón completo de dos maneras: demostrando gracia y siendo concreto. Las últimas dos declaraciones de perdón absoluto te guiarán a lo largo de este proceso.

Quinta declaración: Te perdono y cierro el circuito en cuanto a este problema. Cuando dices: «Sí, te perdono», reflejas el amor de un Dios de gracia y perdón. Le concedes a tu cónyuge algo que no merece. Es un regalo gratuito, no se puede ganar o negociar. No se puede echar atrás ni devolver. No hay condiciones.

Es en este punto en el que Katy lucha con otorgarle el perdón a Walker. Al final, logró decir: «Bueno, te perdono». Pero todavía sigue tan dolida que de alguna manera mantiene a Walker y a su ofensa a raya, lista para volver a sacarla si cambia de opinión.

Éste no es un perdón genuino. Cuando dices: «Te perdono», debes dejar atrás a la ofensa de una buena vez y liberar a tu cónyuge. Si lo haces, le pones fin a la situación. Tú y tu cónyuge experimentarán un alivio emocional. No hay más presión, el dolor comienza a disminuir y comienza la sanidad.

Algunas personas dan el regalo del perdón con una palmada en la espalda, diciendo en esencia: «Oye, no hay problema. Todos nos equivocamos». Otros lo hacen con un sí susurrado o asintiendo en silencio; es un momento excepcional de intimidad, al mirar a tu cónyuge a los ojos y percibir la unidad creciente en la relación. Barb y yo no creemos que a Dios le importe tu postura o tu tono de voz. Le importa la sinceridad de tu corazón. Cuando perdonas con gracia, tu cónyuge puede sentirlo. Es real, auténtico y sobrenatural. Vas por buen camino para reconstruir una relación que estaba deshecha

Sexta declaración: Te perdono por... Además de ser con gracia, tu perdón necesita ser específico. Expresa de manera precisa las ofensas por las que concedes el perdón, las mismas ofensas por las que tu cónyuge te ha pedido perdón. Por ejemplo: «Te perdono por no pasar más tiempo conmigo el fin de semana pasado», «Te perdono por comprometerme a servir en una comisión de la iglesia sin preguntarme primero», «Te perdono por chocar mi auto nuevo contra un poste del alumbrado». Ésta es otra área de lucha para Katy. No logra decir: «Walter, te perdono por haber tenido una aventura amorosa con Nan».

Ser específico le asegura a tu cónyuge que tu perdón es completo. No deja nada pendiente. Le responde la pregunta insistente que puede tener: *¿Entendió por qué causa le pedí perdón? ¿Me perdona realmente por lo que le hice?*

La reconciliación: el objetivo del perdón completo

El resultado deseado de este proceso, que a veces es difícil y doloroso, es reconciliarnos como esposos. Quieren regresar adonde estaban antes de que la ofensa tuviera lugar para poder continuar avanzando en su relación. Quieren dejar el dolor y el enojo en el olvido y seguir adelante construyendo su matrimonio a prueba de divorcio. La reconciliación sólo tiene lugar cuando el perdón completo se concreta: se pide perdón, se otorga el perdón. Tal vez alguien pregunte: «¿Pero qué sucede si mi cónyuge no me pide perdón por lastimarme?». «¿O qué pasa si mi cónyuge no me perdona cuando se lo pido? ¿Aun así pueden llevarse a cabo el perdón y la reconciliación?»

En esos casos, el perdón es parcial e incompleto y la reconciliación se ve frustrada. Puedes perdonar con gracia a tu cónyuge por su ofensa aun si no te lo pide. Pero no puedes reconciliarte plenamente sin su participación. Es más, puedes confesar con humildad tu pecado y pedir perdón por tu ofensa, pero si tu cónyuge no te perdona, una vez más, no puede haber reconciliación. Como consejeros, el doctor David Stoop y James Masteller escribieron: «El perdón es unilateral. Es algo que podemos hacer por cuenta propia. La reconciliación requiere la participación de otra persona. No podemos "hacer que suceda", por más que lo intentemos».[4]

Wayne y Samantha son un caso de este tipo. Después de nueve años de matrimonio y dos hijos, se distanciaron. Wayne comenzó a pasar tiempo fuera de la iglesia con una mujer de su grupo de estudio bíblico. Samantha le preguntó repetidas veces si sucedía algo entre ellos, pero Wayne insistió en que no sucedía nada. Sin embargo, con el tiempo, la relación de Wayne con esa mujer se intensificó y pasó de ser una aventura emocional a una auténtica aventura sexual. Como resultado, ambas parejas se separaron.

Conocí a Wayne y a Samantha en una conferencia donde estábamos hablando Barb y yo. Al haber escuchado que el propósito de Dios es proteger a los matrimonios a prueba de divorcio, la pareja hizo una cita para verme después de la conferencia. Samantha parecía libre y aliviada, como si se hubiera quitado un gran peso de la espalda. Dios le había ministrado con poder durante las sesiones. Wayne, por otro lado, parecía atascado en el desastre que había creado con la otra mujer. Aun con toda la información que había recibido para restaurar su matrimonio, no estaba dispuesto a dejar su aventura.

Hablamos de su matrimonio durante una hora, pero mis palabras rebotaban en Wayne como una pelota de goma en una pared de concreto. Cuando estábamos por irnos, Samantha miró a Wayne y dijo algo sorprendente: «Gary, no importa lo que suceda con nuestro matrimonio, ahora sé que puedo perdonarlo».

«¿Aun si no vuelve a casa, Samantha?», insistí con tacto.

«Aun si no vuelve a casa», afirmó, con lágrimas en las mejillas.

Wayne lamentaba lo que había hecho pero no estaba dispuesto a dejar de hacerlo. Y aun así, de alguna manera, Samantha era capaz de perdonarlo. Todavía estaba profundamente herida y le tenía temor al futuro. Pero eligió perdonar aunque la reconciliación pareciera inalcanzable. Aprendió que retener el perdón, aun cuando él no se lo había pedido, no sólo destruiría a su familia sino que también la destruiría a ella.

Samantha es una persona excepcional. Katy todavía no ha llegado a esa etapa, y hasta que no renuncie al control, continuará atada por la falta de perdón. Samantha fue capaz de dejar que Jesús controle su vida en lugar de Wayne. Captó la verdad de que Dios no la abandonó, que puede confiar en Él aun cuando la confianza en su esposo haya sido diezmada. No perdonó a Wayne porque él se lo pidió; nunca lo hizo. Lo perdonó por causa de Jesús y por lo que hizo por ella.

Desafortunadamente, Samantha y Wayne nunca se reconciliaron. Ella estaba dispuesta, pero él no. La reconciliación sólo puede suceder cuando ambos cónyuges la quieren y la buscan por medio del perdón completo.

Queda un paso en el proceso de la elección de cerrar el circuito. Tú y tu cónyuge necesitan reconstruir la confianza que puede haber sido erosionada por las ofensas, las heridas y el enojo. En el capítulo final, Barb y yo te mostraremos cómo hacerlo.

13

Reconstruye la confianza

Sanar el dolor en tu matrimonio implica más que pedir y otorgar el perdón cuando hay ofensas entre ustedes. Cada herida, grande o pequeña, va socavando la confianza mutua que es esencial en un matrimonio a prueba de divorcio. Gary y yo hemos aprendido por experiencia y a través de un sinnúmero de parejas que tratamos, que después del perdón debe venir un esfuerzo para reconstruir la confianza deshecha. La historia de Roger y Tina es un ejemplo excelente.

Cuando Tina llegó a su casa una hora antes de lo habitual, se sorprendió al ver el auto de su esposo en el garaje. Por lo general, Roger no llegaba a casa del trabajo antes de las seis de la tarde. Lo que Tina no sabía era que Roger había estado regresando a casa mucho antes de las seis de la tarde durante varias semanas. Le había ocultado un oscuro secreto a su esposa durante meses y no sabía cómo darle la noticia. Cuando su esposa llegó una hora antes esa noche, supo que era el momento de aclarar las cosas.

Tina encontró a Roger sentado en la sala de recreo de la familia.

—Llegaste temprano —le dijo.

—Hay algo que necesito decirte, Tina —dijo Roger apesadumbrado.

El primer pensamiento de Tina fue que algo le había sucedido a su madre, que estaba mal de salud.

—¿Qué sucede, Roger? —dijo, sentándose a su lado—. ¿Está bien mamá?

—Sí, tu mamá está bien. Ése no es el problema. *Yo soy* el problema.

—¿Qué quieres decir?

Roger suspiró profundamente.

—Durante varias semanas he estado viviendo una mentira, Tina.

—¿Una mentira? ¿Qué mentira?

—Yo... perdí mi empleo.

La declaración de Roger tomó a Tina por sorpresa.

—¿Qué? ¿Cuándo sucedió?

—Hace casi dos meses. Me despidieron.

—¡Hace dos meses! —exclamó Tina con pánico—. Todos los días te levantas y dices que vas a trabajar. ¿Adónde has ido todo este tiempo?

—Algunos días voy a buscar trabajo. Otros, voy al centro, doy una vuelta o vuelvo a casa después de que te vas. Sé que actué mal al mentirte. Sólo que no pude decírtelo. No sé qué más decir, lo eché todo a perder.

Tina inclinó la cabeza y se sentó en silencio durante un momento. Luego, la levantó con rapidez.

—¿Qué pasó con las cuentas? ¿Las has pagado?

Roger asintió lentamente.

—Sí, las cuentas están pagadas. Esa es otra parte de lo que tengo que decirte.

Roger hizo una pausa; le comenzó a temblar el labio inferior.

—Volví a hipotecar la casa y me dieron 25.000 dólares. La mayoría de las cuentas están pagadas pero el dinero ya... se acabó.

—¿Se acabó? —dijo Tina sin poder creerlo—. ¿Se gastaron veinticinco mil dólares? ¿Adónde? ¿En qué?

—Ni siquiera sé en qué se fue todo, Tina, simplemente lo gasté —dijo Roger comenzando a llorar—. Lo siento.

Las lágrimas de Roger no eran sólo el producto de un corazón apesadumbrado sino también una señal de que el proceso de sanidad en su matrimonio había comenzado.

Tina estaba tan aturdida y enojada que apenas podía pensar. Sabía que Roger necesitaba su amor y su perdón pero le había mentido durante dos largos meses. ¿Cómo podría volver a confiar en él?

Roger y Tina hablaron hasta tarde en la noche y pudieron avanzar considerablemente en el proceso hacia el perdón. A pesar de su dolor y su enojo ante el fracaso de Roger, Tina estaba comprometida con él. Roger había sido más sincero con ella de lo que nunca antes había sido y ella comenzó a entender el dolor de su lucha secreta. Además, Roger entendió como nunca cómo había herido el engaño a su esposa. Después de meses de comunicación y de esfuerzo para resolver el conflicto, Tina pudo perdonar a Roger. Sin embargo, los dos sabían que el acto del perdón no había cerrado el circuito. Habían sucedido demasiadas cosas, la herida era muy profunda. Había perpetuado una mentira devastadora durante dos meses. ¿Lo haría otra vez? Algo tenía que cambiar para que Roger volviera a ganar la confianza de Tina y para que su relación se restaurara por completo.

La fase final para cerrar el circuito es reconstruir la confianza. (Ver el diagrama en la figura 13.) En el caso de los conflictos

FIGURA 13

RECONSTRUYE TU CONFIANZA

- Ofensa
- Perdona a tu cónyuge
- Reconstruye tu confianza
- Herida y enojo
- Enfrenta tus conflictos
- **CIRCUITO CERRADO**
- **CIRCUITO ABIERTO**
- Comunica tus inquietudes
- Bifurcación en el camino
- Disipa tu enojo
- Solución del conflicto — 1
- 2 — Conflicto sin resolver
- Prepara tu corazón

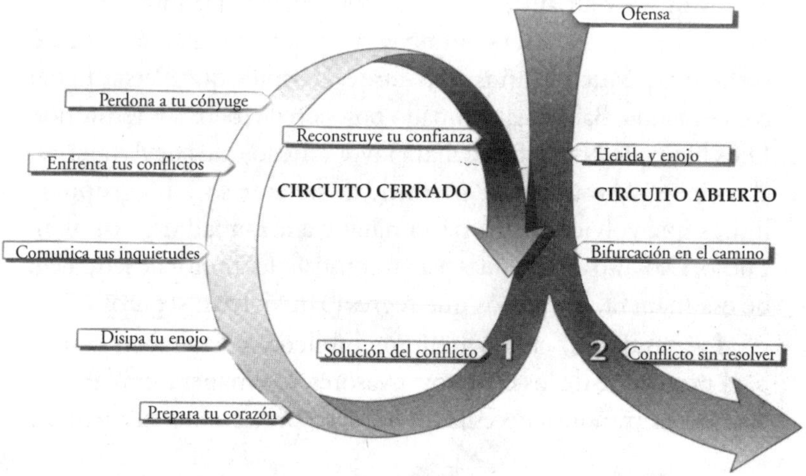

menores, esta etapa es innecesaria o muy sencilla. Cuando la confianza no se debilita mucho, las reparaciones son mínimas.

Pero en el caso de heridas más profundas del corazón (como las que sufrieron Tina y Roger, Wayne y Samantha, y Katy y Walker), la necesidad de reconstruir la confianza es esencial.

Cuando lastimas profundamente a tu cónyuge, es posible que esté dispuesto a otorgarte el perdón, pero eso no significa que tu relación esté completamente sanada, que puedas revivir las cosas como estaban anteriormente y seguir adelante como si nada hubiera pasado. Para que ocurra una verdadera restauración, debes estar dispuesto a esforzarte por reconstruir la confianza de tu cónyuge durante un tiempo.

En el libro de Nehemías, Gary y yo vemos un modelo bíblico para reconstruir la confianza en una relación matrimonial. Gary hablará de los pasos que hemos extraído de la experiencia de Nehemías.

RECONSTRUYE LOS MUROS DE TU MATRIMONIO

Hace casi dos mil cuatrocientos años, la ciudad de Jerusalén estaba en ruinas. El rey Nabucodonosor de Babilonia había ordenado a su ejército que saqueara y destruyera a Jerusalén, que derribara los muros protectores y que luego deportara y esclavizara a los judíos que vivían allí (ver 2 Crónicas 36:15-21). Entre los que fueron deportados, se encontraba un hombre bondadoso llamado Nehemías. Muchos años más tarde, después que Persia había conquistado a Babilonia y tomado posesión de todos sus territorios, Dios hizo que Nehemías hallara favor ante los ojos de Artajerjes, el rey persa. Artajerjes les permitió a Nehemías y a un grupo de judíos que volvieran a su tierra natal y a la ciudad de Jerusalén. Luego, Dios usó a Nehemías para reconstruir los muros de Jerusalén; de esa manera, los judíos que regresaban vivirían seguros.

Las ciudades, en los tiempos bíblicos, necesitaban muros para protegerse de los ejércitos invasores. De manera similar, una relación matrimonial necesita un muro de protección a su alrededor para mantenerla saludable y segura. Este muro se construye por medio de la fe en Dios y de un desarrollo de disciplinas y hábitos que fortalezcan el compromiso y la confianza. Cuando un circuito de conflicto se ha abierto y tu cónyuge está herido, ese muro de confianza a su alrededor comienza a desmoronarse. Las constantes ofensas derrumban ese muro, así como lo hacen las maquinarias bélicas de un ejército invasor. Los corazones son saqueados, y se debilitan la seguridad y la confianza.

Como aprendieron Roger y Tina, el muro de la confianza debe ser reconstruido. El proceso que siguió Nehemías para reconstruir el muro de Jerusalén es un buen modelo para reconstruir la confianza en tu matrimonio. Barb y yo hemos identificado nueve pasos en este proceso.

Primer paso: Llora y busca a Dios

Cuando todavía estaba en Persia, Nehemías, el copero del rey, oyó la perturbadora noticia: «—Pues te diremos —contestaron— que las cosas no andan muy bien. Los que regresaron del destierro sufren grandes males y afrentas. Los muros de Jerusalén aún están medio derribados y las puertas están quemadas» (Nehemías 1:3). ¿Qué debía hacer? ¿Pedir una reunión con el rey Artajerjes? ¿Reunir a un grupo de personas para ir a Jerusalén a realizar el trabajo? Estos pasos no tienen nada de malo pero no es lo primero que hizo Nehemías. Tras escuchar las noticias, Nehemías dice: «Cuando oí esto me senté y lloré. Durante varios días ayuné y oré así al Dios del cielo» (Nehemías 1:4).

El primer paso para reconstruir la confianza en tu matrimonio es expresar una profunda tristeza por lo que perdiste e ir a Dios en busca de ayuda. Ésta es la manera en que respondió Roger. Lloró con lágrimas de angustia por sus pecados y lágrimas de alivio al revelar su doloroso secreto. «Tina, quiero cambiar», dijo. «Necesito cambiar y te necesito. Quiero ocuparme en mejorar nuestro matrimonio. Sé que no puedo pedirte que confíes en mí. Pero te pido una oportunidad para recuperar tu confianza. ¿Puedes orar conmigo al respecto?»

Segundo paso: Ora

Luego, Nehemías confesó sus propios pecados y le pidió a Dios que le concediera el favor de Artajerjes (ver Nehemías 1:5-11). Cuando Nehemías oró, supo en su corazón que podía ayudar a restaurar los muros que rodeaban a Jerusalén. ¿Cómo respondemos cuando el muro que nos rodea en el hogar se está cayendo? Algunos de nosotros nos encogemos de miedo. Otros, negamos que hay un problema y hasta intentamos anestesiarnos con alcohol, con otras drogas, gastando dinero, con pornografía o con cualquier cosa que justifique esa negación. Otros se enojan. Pero observa lo que hizo Nehemías. Después de expresar el dolor de su corazón, oró. Además, no fue una oración rápida o una oración para toda ocasión. El segundo capítulo de Nehemías revela que oró fervientemente durante cuatro meses antes de hacer algo.

El apóstol Santiago escribe: «La ferviente oración de un justo es poderosa y logra maravillas» (Santiago 5:16). Cuando enfrentas la tarea de reconstruir el muro de la confianza en tu matrimonio, debes orar con fervor para que se haga la voluntad de Dios. Luego necesitas confiar en Él a medida que su voluntad se lleva a cabo en sus vidas y en su matrimonio.

Cuando Roger se sentó esa noche con Tina oró: «Dios, he herido a Tina profundamente y he pecado contra ella y contra ti. Lo lamento muchísimo. Por favor, perdóname. Por favor, dale a Tina la gracia necesaria para que también me perdone. Sé que llevará tiempo, tal vez mucho tiempo. Dame la fuerza para reconstruir su confianza en mí. Si es tu voluntad, y creo que lo es, obra en nosotros para restaurar esta relación deshecha».

Tercer paso: Comunica las necesidades con sinceridad

Un día, el rey Artajerjes se dio cuenta de que Nehemías no era el de siempre. El rey dijo: «—¿Por qué estás tan triste? ¿No estarás enfermo? Ya sé. Es que tienes alguna preocupación» (Nehemías 2:2).

Dios le había dado a Nehemías la oportunidad para que expresara sus sentimientos acerca de la destrucción de su patria, así que le contó a Artajerjes la triste historia.

Cuando el rey le preguntó a Nehemías qué era lo que quería hacer, éste no le hizo su pedido de inmediato. Oró primero y luego pidió que se le diera la oportunidad de ir a Jerusalén para reconstruir los muros. El rey le preguntó cuánto tiempo necesitaba. Nehemías no le dio solamente un período de tiempo para completar la tarea sino que también le pidió al rey algunos materiales para el proyecto de reconstrucción. Artajerjes le dio a Nehemías todo lo que le pidió.

¿Por qué este rey poderoso le concedió a Nehemías su petición? Nehemías lo explica: «El rey concedió todas estas peticiones, porque Dios me estaba prestando su benigna ayuda» (Nehemías 2:8). El proceso de reconstrucción funciona cuando Dios está en el centro.

Además de orar buscando la guía de Dios para la restauración del matrimonio, Roger tenía que comunicarle sus necesidades a Tina. Una vez que pidió perdón, también le dijo que necesitaba ayuda para reconstruir la relación y para rendirle cuentas para no mentir más. Antes de reconstruir la confianza, es necesario ser francos acerca de nuestras heridas y necesidades.

Cuarto paso: Comprométete a llevar a cabo la travesía

Cuando Nehemías partió hacia una travesía de cientos de kilómetros, ¿qué pasó por su mente? Es probable que no tuviera idea alguna del alcance de la destrucción que encontraría. Probablemente, sabía aun menos de la intensidad de la resistencia que enfrentaría y del esfuerzo que se necesitaba para reconstruir los muros. Mientras pasaban los días del viaje, debe haber batallado con muchas dudas acerca de lo que se había dispuesto a hacer; pero aun así siguió adelante. Estaba comprometido a hacer lo que hacía falta.

El mismo Dios que envió a Nehemías en esta misión, está dispuesto a ayudarte a ti y a tu cónyuge a reconstruir su relación.

¿Están dispuestos a salir y a confiar en Dios, a pesar de los temores y las dudas? Deberían orar más o menos de la siguiente manera: «Dios, me comprometo a esforzarme para restaurar esta relación con mi cónyuge sin importar lo difícil que sea o el tiempo que lleve. Pero necesito que vayas delante de mí. No voy a ir a menos que guíes el camino».

Cuando usted y su cónyuge se comprometen a llevar a cabo esta travesía también, se recuerdan el uno al otro que la relación no es negociable; honran el pacto expresado en sus votos matrimoniales; se comprometen a proteger su matrimonio a prueba de divorcio por su bien y por el bien de las generaciones futuras.

Quinto paso: Evalúa el daño

Al llegar a Jerusalén, Nehemías se propuso inspeccionar los daños en los muros. Los escombros eran tantos que casi no podía atravesarlos a caballo. Debe haberse sentido abrumado.

Con el fin de cerrar el circuito y reconstruir la confianza, debes evaluar los daños en tu relación. Admite tus errores, reconoce las ofensas que has cometido, habla acerca de tus heridas. Saca todo a la luz. No puedes reconstruir y sanar de manera efectiva si no sacas a luz todas las heridas y el enojo.

Roger y Tina se tomaron un tiempo para calcular el alcance del daño que la mentira de Roger le había causado a la relación. Tina dijo:

—Roger, no sé como responder. Me has ocultado algunas cosas anteriormente pero ésta es la peor de todas. Ocultaste intencionalmente que te habían despedido, que sacaste una segunda hipoteca y gastaste todo el dinero. No sé qué es lo que me hace sentir más traicionada. Todo esto me enoja. ¿Cómo voy a volver a confiar en ti?

—Tienes razón, Tina —contestó Roger—. No he sido sincero contigo. Pero sabía que tenía que decirte la verdad. Me estaba carcomiendo por dentro. Al decírtelo, me siento mejor pero tú te sientes peor. Te lastimé de cualquiera de las dos formas, ¿no es así?

—Sí, pero necesitaba saber la verdad.

A medida que levantaban los escombros, se dieron cuenta de que Roger todavía no tenía trabajo. Además, su autoestima estaba más baja que nunca, y eso impedía que creyera que podría conseguir un buen empleo y mucho menos que podría construir una carrera exitosa. Sus gastos frívolos y descontrolados habían puesto en serio peligro a sus finanzas. Corrían el riesgo de perder todo lo que tenían.

Para colmo, Roger había desarrollado el hábito de engañar y no sabía cómo abandonarlo. Se sentía sin el poder necesario para cambiar su vida. Por otra parte, Tina se sentía herida, traicionada y enojada. Amaba a su esposo pero se preguntaba si alguna vez cambiaría.

Sexto paso: Formula un plan

Mientras estos sucesos dramáticos se desarrollaban en Jerusalén, Nehemías se dirigió al pueblo: «—Ustedes conocen bien el estado calamitoso de nuestra ciudad —les dije—. Está en ruinas y las puertas están quemadas. ¡Vamos! Reedifiquemos los muros de Jerusalén y quitemos de nosotros este oprobio.

»Entonces les hablé del deseo que Dios había puesto en mi corazón y de la conversación que había tenido con el rey para presentarle mi plan, plan que él había aceptado. Ellos respondieron inmediatamente:

»—Bien. Vamos y construyamos la muralla.

»Y comenzaron a trabajar» (Nehemías 2:17-18).

En su desafío, Nehemías instó al pueblo a comenzar con el proyecto. Les recordó que confiaran en que Dios les ayudaría a terminar el trabajo. Y no sólo llegó con la bendición del rey y con algunos materiales, sino que también tenía un plan para completar la obra. Parte de este plan dirigía a las personas a reconstruir la porción de la muralla que estaba enfrente de sus hogares. ¿Qué mejor motivación podría haber proporcionado Nehemías?

La confianza en Dios y la creación de un plan son elementos críticos para el proceso de la reconstrucción de la confianza. Quizá te sientas incapaz de cambiar tu situación o tu comportamiento por tus propias fuerzas. Tal vez hayas intentado y fracasado en repetidas ocasiones. Necesitas idear un plan sólido al mismo tiempo que confías en que Dios lo hará posible.

Cuando Roger le confesó todo a Tina, sabía que le había causado mucho dolor y que había dañado seriamente la relación. Estaba dispuesto a reconstruir la relación pero quería que ella estuviera dispuesta a hacerlo también. Abordó la difícil tarea de la siguiente manera.

«Tina, sé que he perdido tu confianza con lo que hice. Pero también sé que juntos podemos reconstruirla. Otras parejas lo han hecho, nosotros también podemos. Me doy cuenta de que no puedo cambiar por mi cuenta. Sé que tengo que hacer que mi relación con Dios sea una prioridad y debo dejarlo obrar en mi vida. Sé que llevará tiempo pero también sé que Dios puede hacer cualquier cosa.

»Quiero que elaboremos un plan específico de lo que podemos hacer. Estoy dispuesto a recibir el asesoramiento que necesito, buscar ayuda para reconstruir mi carrera y a aprender cómo manejar bien las finanzas. También es probable que necesitemos ver juntos a un consejero.

»Por favor, hagámoslo juntos y restauremos nuestro matrimonio».

Muchas personas en la situación de Tina tirarían la toalla en lugar de volver a intentar unir su matrimonio. Tienen pocas esperanzas de que problemas de tal magnitud se puedan resolver y no están dispuestas a invertir el tiempo y el esfuerzo para reconstruir la relación. De la misma forma en que el pueblo de Jerusalén declaró: «Comencemos la reconstrucción», Barb y yo hemos visto a muchas personas como Tina responder a sus cónyuges diciendo: «Sí, podemos hacerlo. Elaboremos un plan y comencemos la reconstrucción. No será fácil pero podemos hacerlo».

Séptimo paso: Pon manos a la obra

Los capítulos 3 y 4 de Nehemías describen la reconstrucción de la muralla. Nehemías escribió: «El muro fue completado hasta la mitad de su altura original alrededor de toda la ciudad, porque los obreros trabajaron arduamente» (Nehemías 4:6). Parece que se trataba de perseverancia de antaño, de la buena. Cuando reconstruyes una relación deshecha, ¿te entregas a la tarea con todo tu corazón?

En el proceso de reconstrucción de la confianza conyugal hay un efecto de «luna de miel». La pareja entra con mucha esperanza y energía, la sanidad comienza y piensan: *¡Vaya, no es tan difícil!* Pero a menudo no se dan cuenta de la cantidad de esfuerzo y tiempo que les llevará completar la reconstrucción. Poco después, el entusiasmo disminuye y a menudo vuelven a hacer las mismas cosas que habituaban hacer.

Una de las grandes diferencias entre el proyecto de reconstrucción de Nehemías y nuestros intentos por reconstruir la confianza es la cantidad de tiempo invertido. Aunque la muralla de Jerusalén se reconstruyó milagrosamente en cincuenta y dos días, es probable que lleve mucho más tiempo reconstruir una relación.

El factor del tiempo puede estar a tu favor al menos en dos formas distintas. En primer lugar, lleva tiempo sanar el dolor, a menudo meses o años. Muchas veces, les decimos a las personas en nuestras conferencias o a los que llaman a nuestro programa radial, que cuando hay una violación seria de la confianza en el matrimonio, como en el caso del adulterio, reconstruir la confianza lleva en general entre dieciocho y veinticuatro meses. Pero mientras las semanas y los meses pasan, deberías experimentar cada vez mayor sanidad.

En segundo lugar, necesitas tiempo para suministrarle algunas experiencias positivas a una relación que está acostumbrada al dolor. Cuando inviertes tiempo para cultivar la relación y almacenar recuerdos positivos, se fomenta el proceso de sanidad. También se necesita tiempo para buscar consejo bíblico de un consejero profesional o de un pastor que tenga el don de aconsejar. A menudo, una pareja guía que sea madura en su relación con Cristo, puede ser un gran aporte para el proceso de sanidad.

Roger cumplió y recibió consejo bíblico. Se comprometió con el proceso y comenzó a ver resultados maravillosos. A través de la ayuda profesional, se dio cuenta de su temor a no alcanzar sus propias expectativas, lo cual lo impulsaba a ocultar sus fracasos sistemáticamente. Experimentó un gran progreso en su comunicación sincera con Tina, aun cuando se trataba de sus debilidades.

Tina estuvo a su lado durante todo este tiempo difícil, lo cual alentó a Roger a desarrollar una confianza más profunda en ella. Esto hizo que se arriesgara a una mayor intimidad emocional con ella y que fuera más comunicativo acerca de sus pensamientos, sentimientos y temores. Y mientras más sincero era con Tina, más podía ella confiar en él. Iban por el camino de la sanidad.

Otro elemento que contribuye al efecto de «luna de miel» cuando se reconstruye la confianza, es el costo que implica. Tal vez entres al proceso suponiendo que todo lo que necesitas invertir es tiempo. Pero es posible que termine costándote mucho más. Observa lo que les costó a Tina y a Roger. Les costó su orgullo. Enfrentaron muchos meses de esfuerzo para salir del agujero financiero que Roger había cavado. El proceso puso a prueba su sentido de seguridad a medida que se arriesgaban a abrir sus corazones. Cuando comienzas a trabajar para reconstruir la confianza, debes estar dispuesto a pagar el precio.

Octavo paso: Confía en Dios cuando atravieses la inevitable resistencia

Nehemías encontró resistencia a lo largo de su proyecto en Jerusalén. Tenía muchos enemigos que no querían ver los muros reconstruidos y a la vez intentaron poner al pueblo en su contra, sembrando dudas en sus mentes. Conspiraron para hacerle daño. Lo acusaron de planear convertirse en rey y de querer guiar a los judíos a un levantamiento. Hasta contrataron un profeta para tratar de intimidarlo. En todos los casos, Nehemías oró a Dios en busca de ayuda y le pidió que guiara el camino. Ésta es una de sus oraciones típicas: «Oye, oh Dios nuestro, cómo se burlan de nosotros. Haz que sus burlas caigan sobre sus propias cabezas, y que sean llevados cautivos a tierra extraña» (Nehemías 4:4).

Satanás se ve amenazado a medida que tú y tu cónyuge crecen en confianza e intimidad. Siempre está intentando separarlos y llenarlos de sospechas y desconfianza. Así que cuando te dispones a reconstruir la confianza en tu matrimonio, debes saber que el enemigo intentará desalentarte y disuadirte. Por ejemplo, justo cuando estás comenzando a progresar, puede acercarse alguien a ti para decirte algo así: «Nunca va a funcionar lo de ustedes. Es bueno que hayas perdonado a tu cónyuge pero nunca serás capaz de volver a confiar en él». Es especialmente difícil cuando esos comentarios provienen de miembros de la familia o amigos íntimos.

Pero Dios está ansioso por verte cerrar los circuitos en tu matrimonio al experimentar el perdón y la restauración. Te dará el poder para abrirte paso entre la resistencia y el desaliento. Y mientras permitas que el Espíritu de Dios te guíe, triunfarás. El apóstol Juan dice: «Porque hay Alguien en el corazón de ustedes que es más fuerte que cualquier falso maestro de este perverso mundo» (1 Juan 4:4).

Roger y Tina experimentaron resistencia cuando comenzaron a reconstruir la relación. Tina batallaba continuamente con una voz interior que le decía: «No vas a volver a confiar en él otra vez, ¿no es cierto? Si lo haces, ¡estás loca! Nunca va a cambiar».

Los padres de Tina ya se habían dado por vencidos en cuanto a Roger. «Ya es demasiado tarde», dijo su padre. «Tu madre y yo nunca nos hubiéramos tratado de esa manera. Échalo. Es una vergüenza para nuestra familia».

Una de las mejores amigas de Tina, la cual se había divorciado hacía poco tiempo, también tenía sus dudas. «Sé exactamente por lo que estás pasando, Tina», le dijo. «Pero no entiendo por qué crees que Roger puede cambiar alguna vez. Es un mentiroso empedernido. Mi ex me decía una y otra vez que dejaría de beber y lo único que hizo fue empeorar».

Mensajes como estos pueden sembrar semillas de profunda duda. Los judíos en el tiempo de Nehemías experimentaron muchas dudas: «Entonces algunos de los dirigentes comenzaron a quejarse de que los obreros se estaban cansando. Había tanto escombro por retirar que jamás podríamos reconstruir solos la muralla» (Nehemías 4:10). Estaban agotándose con los ataques que venían de todos los ángulos.

Luego Nehemías ordenó que el pueblo hiciera algo sorprendente: «Pero desde entonces sólo la mitad trabajaba mientras la otra mitad estaba de guardia armados de lanzas, escudos, arcos y corazas. Y detrás de ellos estaban los jefes de toda Judá. Los albañiles y los demás obreros trabajaban con las armas al alcance de la mano. Cada uno de los constructores llevaba una espada al cinto. El que tocaba la trompeta permanecía junto a mí a fin de hacer llegar la voz de alarma» (Nehemías 4:16-18).

¡Qué respuesta increíble! Este constructor de muros no tiró la toalla. Instruyó al pueblo a trabajar con una mano y a defenderse con la otra.

Este pasaje de la Biblia es muy importante para nosotros en la actualidad. Cuando estás restaurando tu relación matrimonial, necesitas esforzarte y perseverar en tiempos difíciles. Debes enfrentar las dudas, darte cuenta de que no provienen de Dios y orar, orar y orar. Al mismo tiempo, debes estar alerta para defender tu matrimonio de ataques futuros. Nunca bajes la guardia. Mantente firme ante todo aquello que amenace con derribar lo que estás construyendo. (Para más ayuda, consulta nuestro libro *Guard Your Heart*.)

Noveno paso: Esfuérzate por completar la obra

En determinado momento, Nehemías pudo escribir: «Terminamos el muro a principios de septiembre, cincuenta y dos días después de haberlo comenzado. Cuando nuestros enemigos y las naciones circundantes supieron que habíamos acabado, sintieron miedo y humillación y comprendieron que la obra había sido hecha con la ayuda de nuestro Dios» (Nehemías 6:15-16). ¿Puedes imaginarte la alegría de Nehemías al escribir: «El muro fue terminado finalmente»? ¡Qué sensación de logro! En realidad, la mayor parte del trabajo estaba hecho. Pero, como sugieren algunos estudiosos, los judíos continuaron reparando el muro durante algún tiempo.

Reconstruir la confianza y restaurar la intimidad conyugal después de las ofensas, es un trabajo que nunca se termina por completo. Cada área de sanidad sigue necesitando mantenimiento durante mucho tiempo después de que el circuito se cierra. Pero eso no significa que no deberías avanzar en dirección a la finalización y al cierre del proceso. Disfruta cada victoria a lo largo del camino, pero permítele a Dios que haga su «obra final» en tu matrimonio.

Cuando lo haces, sucede algo maravilloso. Tu matrimonio será un fuerte testimonio del poder y la gracia de Dios. Al igual que los detractores de Nehemías, los que no ven ninguna esperanza para ti, tendrán que decir: «¡Vaya, mira lo que Dios logró en sus vidas!» Ésa es tu gran esperanza, aun en la mitad del trabajo. No estás solo en el proceso de reconstrucción. Dios está en medio del trabajo. Es su deseo restaurar tu relación y proteger a tu matrimonio a prueba de divorcio. Es el Dios de la restauración y la reconciliación. Es el Dios que cierra los circuitos.

¡PUEDES HACERLO!

El siguiente conflicto que enfrentes inevitablemente irá acompañado de algunas dudas: ¿Realmente puedo hacerlo? ¿Puedo aplicar los principios que aprendí para resolver los conflictos y sanar las heridas, o será «lo mismo de siempre» a la hora de intentar cerrar el circuito?

Sí, ¡*puedes* hacerlo! Barb y yo lo decimos confiadamente porque Dios está de tu lado cuando te determinas a sanar las heridas en tu matrimonio. Considera el aliento dado a los cristianos en el Nuevo Testamento:

> Así que, ahora que Dios nos ha declarado rectos por haber creído sus promesas, podemos disfrutar una verdadera paz con Dios gracias a lo que Jesucristo hizo por nosotros. Porque, en vista de nuestra fe, El nos ha situado en la posición altamente privilegiada que ocupamos, donde confiada y gozosamente esperamos alcanzar a ser lo que Dios quiere que seamos.
>
> Si vienen aflicciones a nuestras vidas, podemos regocijarnos también en ellas, porque nos enseñan a tener paciencia; y la paciencia engendra en nosotros fortaleza de carácter y nos ayuda a confiar cada vez más en Dios, hasta que nuestra esperanza y nuestra fe sean fuertes y constantes. Entonces podremos mantener la frente en alto en cualquier circunstancia, sabiendo que todo irá bien, pues conocemos la ternura del amor de Dios hacia nosotros, y sentiremos su calor dondequiera que estemos, porque El nos ha dado el Espíritu Santo para que llene nuestros corazones de su amor. (Romanos 5:1-5)

Observa la sólida plataforma que Dios brinda para cerrar el circuito. Has sido hecho justo a los ojos de Dios por tu fe en Cristo. Como resultado, disfrutas de paz con Dios. No importa lo doloroso que sea el conflicto, no importa cuán difícil sea al proceso de sanidad, Dios te tiene en el hueco de su mano y no te va a dejar.

Como resultado, en verdad puedes regocijarte en medio de la batalla con el dolor. ¿Por qué? Porque Dios te ayudará a atravesarla. Jesús —no tu intelecto, ni tu cuenta bancaria, ni siquiera tu consejero matrimonial— es el fundamento de tu esperanza.

Mientras se regocijan, crearán resistencia como pareja. Desarrollarán un estilo de vida para resistir aun cuando no sepan cómo van a salir de una situación aparentemente intolerable. La resistencia es el arte de mantener la cabeza inclinada durante una tormenta de nieve cegadora y seguir avanzando. A veces, parece que la ventisca del conflicto no terminará nunca, pero finalmente lo hará. Sólo necesitas permanecer en obediencia y mantener el curso de Dios hasta que la tormenta se calme.

Mientras resistes, desarrollarás un carácter más fuerte. El carácter no se forma mientras estás recostado en la playa bebiendo limonada con todas las cosas marchando sobre ruedas. En cambio, el carácter en el matrimonio se forma a medida que te abres paso entre los conflictos y te decides a enfrentar todos los obstáculos y tentaciones sin darte por vencido.

¿Y adónde nos lleva el carácter? A una expectativa segura: la esperanza. A medida que tú y tu cónyuge confíen en Dios para que Él los ayude a cerrar los circuitos y a sanar las heridas, podrán decir: «Nuestro matrimonio no sólo se defiende, estamos empezando a renacer. Tenemos un buen matrimonio que está madurando para ser un gran matrimonio. Nuestros hijos jamás tendrán que preocuparse de que sus padres vayan a divorciarse. Estamos más unidos cada día».

El circuito del conflicto que estás enfrentando puede cerrarse. Da el primer paso hoy; es posible; da resultado. ¡Puedes hacerlo! ¡Manos a la obra!

Apéndice

RECURSOS DE LA CAMPAÑA PARA PROTEGER A LOS MATRIMONIOS A PRUEBA DE DIVORCIO EN LOS ESTADOS UNIDOS

Estimados amigos:

Los recursos de la campaña para proteger a los matrimonios de Estados Unidos contra el divorcio están diseñados *para ti*: para ayudarte a que protejas tu matrimonio contra el divorcio. Tú y tu cónyuge pueden, por cierto, leer y estudiar estos libros como pareja, pero solamente cuando se junten con un pequeño grupo de parejas que también se haya comprometido a proteger sus matrimonios contra el divorcio, es que podrán experimentar plenamente el poder de estas ideas. Hay poder cuando los creyentes se unen en una causa común. Hay poder cuando los hombres y las mujeres se rinden cuentas los unos a los otros. Para aceptar este desafío, debes tener un grupo de amigos que te alienten a cada paso del camino.

Existen varias maneras en las que te puedes conectar con un grupo pequeño:

- Comienza tu propio pequeño para proteger a los matrimonios contra el divorcio en tu iglesia o vecindario. Para obtener cuadernos de tareas, guías para líderes, videos y otros recursos para tu grupo pequeño, llama al 888-ROSBERG (888-767-2374) o visita nuestra página Web en **www.divorceproof.com**

- Dale esta información a tu pastor o a los ancianos de tu iglesia local. Es probable que quieran ofrecer un grupo pequeño de protección contra el divorcio para matrimonios en tu iglesia.

- Llama a *America's Family Coaches* al 888-ROSBERG (888-767-2374), o envíanos un mensaje electrónico a afc@afclive.com y te pondremos en contacto con personas e iglesias que están interesadas en proteger a los matrimonios contra el divorcio.

Así es, juntos podemos lanzar una campaña nacional y ver innumerables hogares transformados en hogares de pacto. Pero, cuidado. Si no les enseñamos estos principios a nuestros hijos, corremos el riesgo de perder la oportunidad más grande de todas: la de pasarles nuestro legado de hogares temerosos de Dios a la siguiente generación. Barb y yo creemos que, *por el bien de la próxima generación,* no existe una causa más digna. Este fuego santo debe purificar nuestros hogares primero.

Gary y Barb Rosberg

MATRIMONIO A PRUEBA DE DIVORCIO

DESCUBRE DE NUEVO EL AMOR DE TU VIDA
(cuaderno de ejercicios)

Tu casa está a prueba de lluvias. Pero tu matrimonio, ¿está a prueba de divorcio? En este libro fundamental de la campaña para proteger a los matrimonios de Estados Unidos en contra del divorcio, Gary y Barb les muestran a las parejas cómo mantener sus matrimonios a salvo de la amenaza del divorcio. El divorcio no sucede de repente. A lo largo de meses y años, las parejas pueden deslizarse desde el sueño hacia la desilusión y finalmente hacia el divorcio emocional. Sin embargo, pueden detener esta caída al aprender a amar de seis maneras únicas. Los grupos pequeños disfrutarán del cuaderno de ejercicios *Descubre de nuevo el amor de tu vida,* que incluye ocho sesiones. Juntas, las parejas practicarán cómo se sanan las heridas en sus matrimonios, aprenderán a satisfacer las necesidades de su cónyuge, a fortalecerse mutuamente en tiempos difíciles, a proteger su matrimonio contra las amenazas, a elogiar a su cónyuge y a renovar el amor que sienten el uno por el otro día tras día. Un devocional y una tarea semanal ayudarán a las parejas a practicar lo que han aprendido apoyadas por el aliento de parejas que están comprometidas con la misma meta de proteger sus matrimonios contra el divorcio. Este cuaderno de ejercicios incluye una guía para el líder, fácil de seguir.

LAS 5 NECESIDADES DE AMOR DE HOMBRES Y MUJERES

Tú también puedes aprender a convertirte en el mejor amigo de tu cónyuge con el libro *Las 5 necesidades de amor de hombres y mujeres.* En este libro, Gary les habla a las mujeres acerca de las necesidades más profundas de sus maridos y Barb les habla a los hombres de las necesidades más íntimas de sus esposas. Descubrirás los anhelos profundos de tu cónyuge.

SANA LAS HERIDAS EN TU MATRIMONIO:
MÁS ALLÁ DEL DESÁNIMO, LA IRA Y EL RESENTIMIENTO HACIA EL PERDÓN

En *Sana las heridas en tu matrimonio: Más allá del desánimo, el enojo y el resentimiento hacia el perdón,* Gary y Barb Rosberg nos muestran cómo perdonar heridas pasadas en el matrimonio y cómo cerrar el circuito de los conflictos sin resolver. Restaura una relación sincera y completa con tu cónyuge. Es probable que conozcas a una decena de matrimonios que se están deteriorando porque uno de los cónyuges guarda rencor o porque el esposo y la esposa nunca han resuelto sus conflictos, heridas y enojos. Además, la mayoría de los matrimonios arrastran heridas del pasado que obstruyen la relación actual. Gary y Barb Rosberg te muestran cómo liberarte de estas heridas pasadas y experimentar nuevamente la unidad. La manera más efectiva de sanar heridas es dentro de un círculo de creyentes alentadores que te entiendan, te conozcan y te comprendan en las luchas comunes a todo matrimonio.

Comienza hoy a proteger contra el divorcio a tu hogar, a tu iglesia y a tu comunidad.

Ponte en contacto con tu librería cristiana local para encontrar todos los recursos de la campaña para proteger a los matrimonios contra el divorcio

o

llama al 888-ROSBERG (888-767-2374)

o

visita la página Web de nuestro ministerio:

www.afclive.com

o

visita la página de nuestra campaña:

www.divorceproof.com

NOTAS

CAPÍTULO UNO: ¿Alguna vez te has sentido herido?

1. Diane Sollee, «What's the Number One Predictor of Divorce?» <www.smartmarriages.com>.

2. Neil Clark Warren, *Date... Or Soul Mate?*, Nelson, Nashville, 2002, p. 176.

CAPÍTULO DOS: El ataque sorpresa de la ofensa

1. Michele Weiner-Davis, *The Divorce Remedy: The Proven 7-Step Program for Saving your Marriage*, Simon & Schuster, Nueva York, 2001, p. 39.

2. James Dobson, *Hablemos con franqueza*, Editorial Betania, Miami, FL, 1993, p. 183 (del original en inglés).

3. Gary Smalley y John Trent, *El amor es una decisión*, Caribe-Betania Editores, Nashville, TN, 1992 p. 157.

CAPÍTULO CUATRO: ¿Dónde aprendiste a resolver conflictos?

1. Kim France, «Sleeping with the Enemy», *Mademoiselle*, octubre de 1991, p. 146.

2. Sue Bowders, «Salvaging the Troubled Relationship: When It's Up to You», *Cosmopolitan*, septiembre de 1991, p. 146.

3. Peter Gerstenzang, «Good Ways to Say Bad Things», *Cosmopolitan*, diciembre de 1991, p. 90.

4. Robert Lewis y William Hendricks, *Rocking the Roles: Building a Win-Win Marriage*, NavPress, Colorado Springs, CO, 1991, p. 68.

CAPÍTULO SEIS: Luces rojas en el camino hacia la sanidad

1. C.S. Lewis, *Cristianismo... ¡y nada más!*, Editorial Caribe, Miami, FL, 1977, p. 129.

2. Sandra D. Wilson, *Released from Shame: Recovery for Adult Children of Dysfunctional Families*, InterVarsity, IL, Downers Grove, 1990, p. 10.

CAPÍTULO SIETE: Los principios no negociables para cerrar el circuito

1. C.S. Lewis, *El problema del dolor,* Editorial Caribe, Miami, 1977, p. 93.
2. Linda J. Waite y Maggie Gallagher, *The Case for Marriage: Why Married People Are Happier, Healthier, and Better Off Financially,* Doubleday, Nueva York, 2000, p. 75.

CAPÍTULO OCHO: Prepara tu corazón

1. Lo cita Tim Kimmel en *Little House on the Freeway: Help for the Hurried Home,* Multnomah, Portland, OR, 1987, p. 31.
2. Bill y Lynne Hybels, *Aptos para casarse,* Editorial Vida, Miami, FL, 1991, p. 178 (del original en inglés).
3. *Ibíd.*
4. Lisa Beamer con Ken Abraham, *Un héroe entre nosotros: Personas comunes y corrientes, extraordinario valor,* Editorial Unilit, Miami, FL, 2002, p. 94.
5. *Ibíd.,* p. 95.

CAPÍTULO DIEZ: Comunica tus inquietudes

1. Gary Smalley y John Trent, *El amor es una decisión,* Caribe-Betania Editores, Nashville, TN, 1992 p. 53.

CAPÍTULO ONCE: Enfrenta tus conflictos

1. Dr. John Gottman y Nan Silver, *The Seven Principles for Making Marriage Work,* Three Rivers Press, Nueva York, 1999, pp. 2; 27-34.

CAPÍTULO DOCE: Perdona a tu cónyuge

1. Lewis B. Smedes, *Perdonar y olvidar: Cómo curar las heridas que no merecemos,* Editorial Diana, México, 2004, p. 133 (del original en inglés).
2. Jerry Bridges cita a F.F. Bruce en *Transforming Grace: Living Confidently in God's Unfailing Love,* NavPress, Colorado Springs, CO, 1991, p. 205.
3. Lewis B. Smedes, *Perdonar y olvidar,* p. 39 (del original en inglés).
4. David Stoop y James Masteller, *Forgiving Our Parents, Forgiving Ourselves: Healing Adult Children of Dysfunctional Families,* Vine Books, Ann Arbor, MI, 1991, p. 263.

ACERCA DE LOS AUTORES

EL DR. GARY ROSBERG Y SU ESPOSA BARBARA son profesores de *America's Family*: equipan y alientan a las familias estadounidenses a desarrollar y terminar bien la vida. Con casi treinta años de matrimonio, Gary y Barbara tienen un mensaje único para las parejas.

Han consagrado la próxima década de su ministerio a proteger a los matrimonios de los Estados Unidos contra el divorcio. El libro fundamental de esta campaña y ganador del premio *Gold Medallion 2003*, *Matrimonio a prueba de divorcio*, equipa a las parejas para que fortalezcan su matrimonio y así eviten deslizarse hacia el aislamiento y el divorcio emocional.

Otros libros que han escrito juntos los Rosberg incluyen: *Descubre de nuevo el amor de tu vida* (cuaderno de ejercicios que acompaña a *Matrimonio a prueba de divorcio*), el éxito de librería *Las 5 necesidades de amor de hombres y mujeres*, *40 Unforgettable Dates with Your Mate*, *Guard Your Heart* y *Renewing Your Love: Devotions for couples*.

Juntos, Gary y Barbara dirigen un programa diario de radio que se transmite en todo el país: *America's Family Coaches... LIVE!*. Este programa en vivo se escucha en las ciudades de todo el país y las personas que llaman reciben el consejo de Gary y Barb sobre muchos temas relacionados con la familia. Los Rosberg también dirigen un programa radial los sábados en la premiada estación de radio secular WHO.

Su conferencia distintiva: «Descubre de nuevo el amor de tu vida» está llevando la Campaña para proteger a los matrimonios de Estados Unidos a prueba de divorcio a ciudades fuera del país. Ambos forman parte de los equipos nacionales de oradores de las conferencias *Family Life's Weekend to Remember* y en los acontecimientos en estadios «*Rekindle the Romance*», para parejas. Gary también les ha hablado a miles de hombres en las actividades de los Cumplidores de Promesas que se realizan cada año desde 1996 y a padres y adolescentes en la gira «*Life on the Edge*» de Enfoque a la Familia.

Gary, que obtuvo su doctorado en educación en la Universidad de Drake, hace veinte años que trabaja como consejero matrimonial y familiar. Hace quince años que fundó y dirige *Cross Trainers,* un estudio bíblico y de rendición de cuentas para hombres que reúne semanalmente a más de quinientos participantes.

Barbara, que obtuvo un título en artes visuales en la Universidad de Drake, ha escrito *Conéctese con su esposa,* además de muchos otros libros junto con Gary. También, les habla a las mujeres, enseñándoles y alentándolas al hacer énfasis en el increíble valor que cada una tiene.

Los Rosberg viven en las afueras de Des Moines, Iowa y tienen dos hijas adultas: Sarah, que vive cerca de Des Moines con su esposo, Scott y sus dos hijos; y Missy que vive en Branson, Missouri, con su esposo, Cooper.

Para obtener mayor información acerca de los ministerios
America's Family Coaches, ponte en contacto con:

America's Family Coaches
2540 106th Street, Suite 101
Des Moines, Iowa 50322
1-888-ROSBERG

La página Web del ministerio:
www.afclive.com

La página Web de la campaña:
www.divorceproof.com

Sintoniza *America's Family Coaches... LIVE!*

Escucha todos los días de la semana una sólida enseñanza sobre toda clase de preguntas acerca del matrimonio, la familia y las relaciones. En este programa interactivo con llamadas telefónicas, Gary y Barbara Rosberg abordan problemas de la vida real al instruir a los que llaman acerca de lo que más importa en las relaciones de la vida. Sintoniza y siéntete alentado por los principales entrenadores de la familia estadounidense.

Para obtener una lista de las estaciones de radio
que transmiten *America's Family Coaches... LIVE!*,
llama al 1-888-ROSBERG,
o visita nuestra página en la Web en
www.afclive.com.

Enfoque a la Familia

¡Bienvenido a la Familia!

Ya sea que hayas recibido este libro como un obsequio, que te lo hayan prestado o que lo hayas comprado, nos alegra que lo hayas leído. Es sólo uno de los tantos recursos útiles, reflexivos y alentadores producidos por Enfoque a la Familia.

De hecho, de esto se trata Enfoque a la Familia, de proveer inspiración, información y consejos basados en la Biblia a personas de todas las edades.

Comenzó en 1977 con la visión de un hombre, el Dr. James Dobson, psicólogo profesional y autor de dieciocho libros de mayor venta sobre el matrimonio, la crianza de los hijos y la familia. Alarmado por las presiones sociales, políticas y económicas que amenazaban la existencia de la familia estadounidense, el Dr. Dobson fundó Enfoque a la Familia, con un empleado y un programa radial transmitido una vez a la semana en sólo treinta y seis emisoras.

Nuestro ministerio que ahora es una organización internacional, está dedicado a preservar los valores judeocristianos y a fortalecer y alentar a las familias a través del mensaje transformador de vidas de Jesucristo. El ministerio de Enfoque alcanza a familias de todo el mundo a través de diez cadenas radiales diferentes, dos programas de noticias por televisión, trece publicaciones, dieciocho sitios en la Web y una constante serie de libros, películas y videos premiados para personas de todas las edades e intereses variados.

Si deseas obtener más información acerca del ministerio o si podemos ayudar a tu familia, simplemente escribe a Enfoque a la Familia, Colorado Springs, CO 80995 o llama al (800) A- FAMILY (232-6459).
Los amigos de Canadá pueden escribir a Enfoque a la Familia, PO Box 9800, Stn Terminal, Vancouver, BC V6B 4G3
o llamar al (800) 661-9800.
Visita nuestra página Web (www.family.org) para aprender más acerca de Enfoque a la Familia o saber si hay una oficina vinculada a nosotros en tu país.

¡Nos encantará recibir noticias tuyas!